介護サービス事業における困りごと相談ハンドブック

ソーシャルワーカーの実務対応

共著　**髙橋 智子**（社会福祉士・公益財団法人 東京都福祉保健財団 人材養成部）

　　　三森 敏明（弁護士）

新日本法規

は　し　が　き

　本書は、介護サービス事業所等において、サービス利用者や家族に対する相談援助等を業務とするソーシャルワーカーの皆さんが直面しやすいような困りごとについて、ソーシャルワーカーの視点から、適切な対応方法等を解説する書籍を目指して作成したものです。

　この書籍づくりのお話をいただいた際、まず「困りごととは、誰にとっての困りごとなのだろうか」ということを考えました。それは、介護サービス事業者が抱える「利用者や家族とのトラブル」や「苦情」のようなことへの対応方法の解説を主な目的としていれば、法的な視点からの解説を中心とした方が適切だと思っていたからです。そこで、私が本書で貫きたいと思ったのは、利用者を中心に置くこと、すなわち権利擁護の視点です。そのため、本書で取り上げる「困りごと」は、利用者の生活を支えることや一人ひとりの尊厳を守る上で起こり得ることを軸に考えました。

　私は、これまでソーシャルワーカーとして様々な形で高齢者の権利擁護支援に関わってまいりました。近年は、特に高齢者虐待防止を主とした高齢者の権利擁護の推進に関わる仕事をしており、市町村や地域包括支援センター等の支援者からの相談に応じる業務に携わっております。相談者である支援者が対応に行き詰まり、思うような支援ができないような難しさや複雑な課題を抱える事例に、数多く出会ってきました。私の目の前で困っているのは支援者である相談者ではあるものの、高齢者の支援者が困っていることの中心には必ず高齢者がいて、高齢者を支える家族や関係者等がいます。関係者には、介護サービス事業者や医療関係者等の保健・医療・福祉・介護の関係機関や専門職はもちろん、民生委員や警察、不動産関係、金融関係、商店等の

高齢者の生活に関わる様々な立場の人が含まれます。それぞれの立場で感じる高齢者支援をとおして感じる「困りごと」は、どうしても関係者としての困りごとになってしまいます。しかし、解決すべきは関係者が感じる困りごとではなく、高齢者自身が抱える困りごとであることを改めて意識して、対応することが重要だと思っています。そして、当事者である高齢者や家族等は、自ら困っているという自覚がない場合もありますし、たとえ困っていたとしても、SOSを出さない・出すことができない・支援を求める力や受ける力を失っている場合もあります。だからこそ、本書においても対人援助を行う上で基盤となる権利擁護として、本人を中心に、そして本人を中心とした意思決定支援の視点を大切にして解説することに努めました。その上で、対応にあたり押さえておくべき法的考え方やソーシャルワーカーとして知っておきたい法制度について、弁護士の先生からアドバイスをいただくような形でまとめることといたしました。

　本書は、介護サービス事業におけるソーシャルワーカー向けではありますが、高齢者の住まいが多様化する中で、高齢者の「生活の場」に関わる相談援助職であるソーシャルワーカーの活動の場も多岐にわたっていると思われます。そのため、本書を手に取られている方のお立場によっては、事例の内容が当てはまりにくい場合もあるかもしれません。しかし、基本的な考え方や大切にしたいポイントは共通です。本書が、そうした様々な介護サービス事業に携わるソーシャルワーカーの方の日々の支援の一助になれば、幸いです。そして、対人援助の基盤である権利擁護（本書では、意思決定支援、エンパワメントと同義語として使用しています。）について、改めて考えるきっかけになれればと願っております。

　本書の刊行にあたり、ご縁により、10年近く共に高齢者虐待の防止・権利擁護の推進に関わらせていただいている三森敏明先生に、法的ア

ドバイスをご執筆いただけたことは大変心強く、また、ご一緒できたことは大きな喜びです。改めてご執筆を快くお引き受けくださいましたこと、深く感謝申し上げます。そして、執筆を進めていく中で、私の未熟さがゆえに、たくさんのご心配とご迷惑をおかけしつつも、いつも温かくそして的確に、最後まで導いてくださいました新日本法規出版株式会社の川浪有輔氏及び関係者の皆様に、この場をお借りして、心より厚く御礼申し上げます。

　令和3年7月

　　　　　　　　　　　執筆者を代表して
　　　　　　　　　　　公益財団法人 東京都福祉保健財団
　　　　　　　　　社会福祉士　髙　橋　智　子

執筆者紹介

髙 橋　智 子（たかはし　ともこ）

　公益財団法人 東京都福祉保健財団 人材養成部
　社会福祉士・精神保健福祉士・介護支援専門員

　（公社）東京社会福祉士会　地域包括支援センター委員会委員
　福祉サービス事業所、在宅医療機関・訪問看護ステーション等のソーシャルワーカー、直営地域包括支援センター社会福祉士及び市役所高齢者相談室権利擁護担当を経て、平成21年4月より現所属。

　東京都福祉保健財団入職時より「東京都高齢者権利擁護推進事業」（東京都委託事業）を担当し、市町村職員等への高齢者虐待に関する相談支援及び研修事業等専門相談機関の運営を行っている。

　その他、市区町村高齢者虐待防止ネットワーク委員会委員、高齢者虐待・高齢者の権利擁護に関する研修等の講師、調査研究協力等も行っている。

＜主要著作＞

　『ケアプラン困難事例集』（共著、池田恵利子ほか監修・著）（東京
　　都福祉保健財団、2009年）

　『事例で学ぶ「高齢者虐待」実践対応ガイド』（共著、（公社）あい
　　権利擁護支援ネット監修）（中央法規出版、2013年）

　『退院支援ガイドブック』（共著、宇都宮宏子監修）（学研メディカ
　　ル秀潤社、2015年）

三　森　敏　明（みつもり　としあき）

ヒューマンネットワーク三森法律事務所　弁護士

平成12年10月　弁護士登録（東京弁護士会）
東京弁護士会高齢者・障害者の権利に関する特別委員会委員、東京弁護士会労働法制特別委員会委員、東京労働局東京紛争調整委員会委員、保護司

<主要著作>
『保釈を目指す弁護』（共著、東京弁護士会期成会明るい刑事弁護研究会編）（現代人文社、2006年）
『新労働事件実務マニュアル　第3版』（共著、東京弁護士会労働法制特別委員会編著）（ぎょうせい、2014年）
『ケーススタディ労働審判　第3版』（共著、東京弁護士会労働法制特別委員会編）（法律情報出版、2021年）
『これだけは知っておかないと怖いマイナンバー』（双葉社、2015年）

略　語　表

＜法令等の表記＞

　根拠となる法令等の略記例及び略語は次のとおりです（〔　〕は本文中の略語を示します。）。

　　介護保険法第74条第3項第1号＝介保74③一

介保	介護保険法
介保規	介護保険法施行規則
介護老人福祉施設運営基準	指定介護老人福祉施設の人員、設備及び運営に関する基準
介護老人保健施設運営基準	介護老人保健施設の人員、施設及び設備並びに運営に関する基準
居宅サービス等事業運営基準	指定居宅サービス等の事業の人員、設備及び運営に関する基準
刑	刑法
憲〔憲法〕	日本国憲法
高齢虐待〔高齢者虐待防止法〕	高齢者虐待の防止、高齢者の養護者に対する支援等に関する法律
個人情報〔個人情報保護法〕	個人情報の保護に関する法律
社会福祉	社会福祉法
商	商法
任意後見	任意後見契約に関する法律
民	民法
厚労省マニュアル〔厚生労働省マニュアル〕	市町村・都道府県における高齢者虐待への対応と養護者支援について（厚生労働省老健局平成30年3月改訂）

＜判例の表記＞

　根拠となる判例の略記例及び出典の略称は次のとおりです。

　最高裁判所昭和50年2月25日判決、判例時報767号11頁
　　＝最判昭50・2・25判時767・11

判時　　　判例時報
民録　　　大審院民事判決録

目　次

第1章　サービス利用に関する相談

第2章　サービス提供に関する相談（本人への相談援助）

第3章　医療機関との連携に関する相談

第4章　利用者・家族からの苦情等への対応に関する相談

第5章　家族等への対応に関する相談

第6章　利用者への虐待・不適切ケアへの対応に関する相談

第7章　地域との連携に関する相談

索　　引

第 1 章

サービス利用に関する相談

2

〔1〕　判断能力が不十分な利用者と利用契約を結ぶ場合

相談内容　　認知症の進行に伴い、通所介護サービスを現在利用している利用者の認知症対応型通所介護サービスへの変更が検討されています。しかし、利用者本人はサービス内容の変更を理解することが十分にできず、新たな契約に向けて不安があります。利用者の家族を代理人にして契約したいと考えていますが、問題はないでしょうか。

ポイント

① 　法律上の手続をせず、判断能力が不十分な人に代わって契約を締結することは、家族であってもできません。

② 　判断能力が不十分な人との契約行為の場合、成年後見制度を活用して、法的に代理権が認められた補助人・保佐人・成年後見人（以下「成年後見人等」といいます。）と契約を締結することが求められます。

回　　答

1　契約行為

　契約の成立には、サービス利用を申し込む人（本事例の場合、利用者）とその申込みを受け入れる人（本事例の場合、認知症対応型通所介護事業所）との意思が合致することが必要です。そして、法律上、有効な契約を成立させるためには、自分の行為の結果を判断することができる意思能力を有することが必要であり、意思能力を欠く人の意思表示に基づいて行った契約は無効になります（民3の2）。

　本事例のように、認知症等により介護サービス利用者の判断能力が低下し、自分自身に必要な介護サービス等の支援計画変更の必要性やそれに伴う利用サービスの契約変更への理解が難しいような場合、利用者本人による介護サービス利用契約（以下「利用契約」といいます。）締結は難しい状態になっていると考えられます。

　なお、必要とされる意思能力の程度は、契約内容の複雑さなどによって変わります。一般的には意思能力の有無については、認知症スクリーニング検査で用いられる「改訂長谷川式簡易知能評価スケール」やMMSE（ミニメンタルステート検査）などの結果を基にした医学的診断、実際の日常生活を送る上での支障の有無や、契約内容が本人に不利益を及ぼすものかなど、様々な視点から判断されています。

2　家族による代理契約の可否

　介護サービスの利用に関する場面では、契約者である高齢者本人だけではなく、その高齢者に関わる家族や親族等に対しても説明を行うことや、サービス利用に関する様々な選択・決定を求めることがあります。介護保険法の目的である要支援者及び要介護者の尊厳保持と自立支援を図るために、高齢者とその家族の意向を十分に把握する上では必要なことですが、あくまでもサービス利用の契約者は高齢者本人です。契約という法律行為について、本人に代わって行う場合には、法的な代理権を有する人が行う必要があります。たとえ高齢者の利益のために家族が代わりに契約した場合であっても、それは無権代理行為であり、高齢者本人のために法的効力は生じません（民113）。

　そのため、高齢者の意思能力が欠けている場合は、成年後見人等が法的に付与された代理権に基づき、本人の契約を代理する必要があります（民7等）。

　なお、介護サービス利用契約書や重要事項説明書等に「代筆」の欄

が設けられていることがありますが、高齢者本人に意思能力がない場合には、家族等に代筆してもらっても契約が法律上有効に成立することはありません。家族等の代筆は、高齢者本人には意思能力があるものの、身体の障害などで字を書くことができない場合に行うべきものと考えられます。

3　成年後見制度の活用による契約

　本事例のように、既に判断能力の衰えが見られ、難しい手続や重要な契約の際に、高齢者本人の判断を手伝う必要があったり、又は判断能力が著しく不十分である場合や欠けていることが通常の状態の場合であるなど、本人に代わって判断ができる人が必要な場合には、法定後見制度の活用を考えることが必要です。

　成年後見制度は、「認知症・知的障害・精神障害などによって判断能力が十分ではない方を法律的に支援する制度」（家庭裁判所「成年後見制度を利用される方のために」令和2年10月）です。

　判断能力が十分でない人（本人）に、申立てによって家庭裁判所が審判を開始し、本人の権利を守り法律的に支援する人（法人を含みます。）として成年後見人等を選任します。

　「本人の権利を守る」ため、成年後見人等には本人の「意思を尊重し、心身の状態及び生活の状況に配慮すること」（身上配慮義務）が義務として求められています（民858）。

　本人の意思や状況を常に把握するため、本人との定期的な面接や見守り、関係者からの情報収集を行い、本人意思の実現のための具体的な対応策を考え、実行していきます。例えば、本人の年金や預貯金等を管理することや、本人にとって不利益な契約を取り消すこと（財産管理）、本人の生活全般に配慮し、介護・医療サービス等の利用の手続や契約の締結、費用の支払、処遇の見守り、苦情申立て等の選択と決

定を支援する（又は本人に代わって行う）（身上保護）ことで、本人を「法律的に支援」していきます。

　成年後見人等の職務として、例えば食事を作るなど、実際にケアを提供する、いわゆる「事実行為」は含まれません。本人に食事の提供ができるように、ケアマネジャー等本人の支援者と相談しながら、介護保険制度等のサービスを選択し、決定・契約することが職務となります。そして、契約したサービス内容が本人に合っているか、適切なサービス提供がなされているかなどを確認し、サービス対価を支払うことが職務となります。そして、これらの業務を家庭裁判所に定期的に報告し、家庭裁判所は後見事務が適正に行われているかを確認します。

　このように、成年後見制度を活用することで、判断能力が十分ではなくなっても、本人の意思を尊重し、本人の安定した生活の確保と、より確かな療養看護の維持が可能となります。そして、適切に制度を活用し、成年後見人等と連携して本人の支援を行うことで、支援者側は本来の職務に対して責任を持って遂行することができ、不安の軽減にもつながります。

　相談援助を行うソーシャルワーカーとして、高齢者の人生と生活を支え続けるため、適切な時期に制度活用ができるように日頃から利用者の意思や状態を積極的に把握し、成年後見制度の活用が必要な状態に気付ける視点を持つことが大切です。そして、なぜ必要なのか（必要になってくるのか）を利用者やその家族に説明できることが求められます。

　現在、「成年後見制度の利用の促進に関する法律」に基づき、市町村では「成年後見制度利用促進基本計画」を作成し、地域における成年後見制度の利用促進の体制整備が進められています。権利擁護支援の地域連携ネットワークを構築し、本人及び成年後見人等や関係者等がチームとなって、地域全体で本人を見守り、本人の意思や状況を継続

的に把握し必要な対応を行う体制を目指していきます。その構想の設計や実現の司令塔の役割を担う「中核機関」と連携しながら、制度活用が必要な人を発見し、適切な支援につなげる地域連携の仕組みを担う一員として、地域の医療・福祉関係団体も積極的にネットワーク構築に関わっていくことが重要です。

弁護士の アドバイス	「意思能力」の判断

　「意思能力」(民3の2) とは、自らの行為の結果を認識し、この認識に基づいて正しく意思決定をすることができる能力のことをいいます (山野目章夫編『新注釈民法(1)』380頁 (有斐閣、2018) 参照)。民法にも、「法律行為の当事者が意思表示をした時に意思能力を有しなかったときは、その法律行為は、無効とする。」という条文が新設され (民3の2)、大審院明治38年5月11日判決 (民録11・706) においても、同様の判断がなされています。この意思能力がない法律行為が無効になる理由は、全ての人は自らの意思に基づいてのみ、権利を取得し、義務を負うという私的自治の原則の下、自らの法律行為について正常な意思決定をすることができない人たちを保護する点にあります。ただ、意思能力の有無についての判断基準は実は明確ではなく、ケースバイケースで判断されることになります。意思能力の存否は、7歳程度の知的判断能力が目安になると言われる一方で、実際に問題となる個々の行為ないし行為の種類ごとに判断する必要があるとしばしば指摘されています (山野目章夫編『新注釈民法(1)』380頁 (有斐閣、2018) 参照)。例えば、通常は正常な意思能力を有している私達であっても、飲食店で泥酔し何が何だか分からない状態のときには意思能力がないと判断されることになると思います。

〔2〕　第三者を代理人として利用契約を結ぶ場合

相談内容　　高齢者の長年の知人という人が、サービス利用契約に関わっています。高齢者本人は「この人に任せる」と言います。明らかな認知症の症状があるようには見えませんが、知人を代理人として利用契約を締結することは可能でしょうか。

ポイント

① 基本的には高齢者の自己決定の尊重が求められますが、権利利益を侵害するような可能性がないか、防止的な視点が必要です。

② 契約行為等における（代理）代行が意味することについて、正しい理解が必要です。

回　　答

1　高齢者の自己決定の尊重と権利侵害の防止

判断能力に問題はなく、高齢者が自ら選択し、決定することができる場合、基本的には高齢者本人の自己決定を尊重します。

しかし、一見すると判断能力に問題がないように見えても、実際は金銭管理能力や手続能力が十分ではない場合もあります。よく分からないから、代わりにやってくれるという人に任せるという方法をとっている可能性があります。そのこと自体は、権利実現のために自ら手段を選んで決めていることですから、問題はありません。

ただし、もしも「よく分からないけど、この人は昔からよく知って

いるし、信用できるから全て任せておけば大丈夫」という、何の根拠もない信頼の中で任せている場合は、高齢者本人も気付かない権利侵害が生じていないかを確認しておく関わりが必要です。

　高齢者が「大丈夫」と思っている裏付けとして、例えば金銭管理を任せているのであれば収支内容が分かるような「出納帳」をつけているか、高齢者が日常的に必要とする契約や支払（買い物や外出、医療受診や介護サービス等の利用等）が本人の納得のいく状況で実施されているかどうかは、最低限確認しておくべきでしょう。

　確認する中で、「出納帳」の記載がないなど、不透明な管理状況が見られたり、本人に必要な支払等を制限しているなど（「お金がないから」と言って受診を諦めさせるなど）の可能性に気付いたりした場合は、本人に現在の管理方法での不安要素を伝え、まずは本人の認識状況を確認することが必要です。そして、現実を正しく認識することができているか、不安要素をなくして安心して任せるために必要な管理方法を自ら考える力があるか、自ら考えることが難しくても、改善方法の提案を理解し実行する力があるかどうかなどは、必要な支援を考える上で最低限確認できるとよいでしょう。

　不適切な金銭管理が改善されない場合や必要なケア等を利用できない可能性があると思われる場合など、権利侵害の疑いに気が付いたときは、高齢者虐待のうち経済的虐待等に該当する可能性もありますから、市町村や地域包括支援センターへ早めに相談・通報すべきです。

2　契約における代理人

　介護サービス等の利用の契約者は本人です。判断能力の程度によっては、法的な代理行為を付与された成年後見人等が契約締結を代行します。家族や知人等が法的な代理契約等を結ばずに行う行為は「無権代理」であり、法律上何の効力も発生しません（詳細は〔1〕参照）。

　「自分のことは全てこの人に任せている」と高齢者が主張している場合は、「全て」とは具体的にどのようなことを意味しているのかを確認することは必要です。

　本人に代わって行う行為の効力は本人に帰属するため、その行為の責任は本人が負います。ですから、本人が個別具体的に代理人に委任したい行為は明確でなければなりません。例えば、本人から代理行為を委任された代理人が、委任された行為以外のことを行ったとしても、本人にその行為の効力は帰属しません。代理人が勝手に行った行為について、表見代理が認められる場合を除き、本人が責任を負うことはありません。したがって、本人が「全てを任せている」と説明する場合は、任せている行為について、例えば、費用の支払のことなのか、今後の生活に関わる様々な手続等を代わりにやってもらうことなのか、緊急連絡先になってもらうことなのかなど具体的に確認をしていきます。確認をしても高齢者本人が具体的に説明できない場合や、「任せる」と人に言わされているような場合には、本人の判断能力の程度について再確認する必要があります。

　また、その「任せたい人」と高齢者の間には法的な関係性があるのかについて確認することも大切です。

　任意後見契約を結んでおり、任意代理契約が交わされているか、任意後見契約が締結されている場合でも、高齢者の判断能力に低下が見られる場合には、任意後見監督人が選任されているかどうかについても確認しましょう。

　法的な代理契約等が締結されていない場合は、代理人になることはできません。

| 弁護士の
アドバイス | 「代理」と「任意後見契約」 |

　代理とは、本人以外の者（代理人）がその権限の範囲内において本人のためにすることを示して意思表示を行うことによって、その意思表示（法律行為）の効力が直接に本人に帰属する制度をいいます（民99①）。代理は、法律行為について認められるので、事実行為（日常の世話、介護や買い物等）には認められません。また、代理には、本人の意思を根拠とする「任意代理人」と、法律によって代理人になる「法定代理人」があり、後者には親権者（民824）、後見人（民859）があります。

　代理の場合、本人ではない第三者が行った法律行為の効力（結果）が本人に帰属するという点に最大の特徴があります。そのため、本人が第三者に代理権を与えた事実とその与えた代理権の範囲の確認については、特に注意が必要です。そのため、代理に関しては、①本人の判断能力を十分確認する（代理人との関係性、代理行為の必要性、費用負担の有無などにおいて不自然な点はないか、代理人の報告義務を理解しているかなど）、②代理権があることとその範囲について委任状の記載や本人の署名押印で確認する（代理権の範囲が必要性を超えて広範囲に及んでいないか、住所や氏名が正確に記入されているか、押印は実印を使用されているかなどの確認）、③委任状を所持し代理人と名のる第三者の本人確認を行う（運転免許証、マイナンバーカードなどの公文書がベスト）ことを励行することになるでしょう。

　一方、任意後見契約とは、委任者が、受任者に対し、精神上の障害により事理を弁識する能力が不十分な状況における自己の生活、療養看護及び財産の管理に関する事務の全部又は一部を委託

し、その委託に係る事務について代理権を付与する委任契約であって、任意後見契約に関する法律4条1項の規定により任意後見監督人が選任された時からその効力を生ずる旨の定めのあるものをいいます（任意後見2―）。この契約は、必ず公正証書を作成して行います（任意後見3）。また、任意後見契約の内容は公証人が確認すること、本人確認や印鑑登録証明書による実印の確認等を公証人が行うこと、任意後見契約を発効するには家庭裁判所による任意後見監督人の選任が必須であることが通常の任意代理人とは大きく違います。

　任意後見制度を利用する場合でも、あらかじめ決めた代理権の範囲だけでは本人が保護できない場合には、本人の利益のために特に必要があると認められるときに限り法定後見制度を利用することができます。

〔3〕　身元保証人や身元引受人等がいない利用契約の場合

相談内容　　現在、入所契約を考えている方は、認知機能の低下は見られず、金銭管理や契約行為等も一人でできています。しかし、身元保証人になり得るような頼れる親族がいません。身元保証人や身元引受人等がいないような場合、どのように対応すればよいでしょうか。

ポイント

① 　身元保証人や身元引受人等（以下「身元保証人等」といいます。）がいないことを理由に、介護サービスの提供を断ることはできません。

② 　身元保証や身元引受等（以下「身元保証等」といいます。）に求める機能や役割を理解し、いわゆる身寄りがない人への対応において考えられる支援について検討することが大切です。

回　　答

1　身元保証等を求める背景

　介護サービスや医療サービスを利用する際、多くの施設及び医療機関等では、家族等がいることを前提とした利用契約になっている現状があります。これは、利用料等の支払、緊急時の連絡先、介護や入院計画書に関することや日常生活に必要な物品等の準備、通院や外出時の対応、さらに死亡時の対応等の役割を果たす、いわゆる「身元保証等」の機能を求めているということができます。

2　身元保証人等がいない場合に生じている課題

　こうした状況から、身寄りのない方や家族等がいても連絡がつかない、頼ることができないような方が、介護施設や医療機関に入所・入院する際に、身元保証人等がいないことを理由に、利用を断られるような事態が生じています。

　しかし、介護保険施設に関する法令上は身元保証人等を求める規定はなく、各施設の基準省令においても「正当な理由なくサービスの提供を拒否することはできないこと」とされており、入院・入所希望者に身元保証人等がいないことは、サービス提供を拒否する正当な理由には該当しないとされています（平30・8・30老高発0830第1等）。

　また、医療機関における入院においても、「入院による加療が必要であるにもかかわらず、入院に際し、身元保証人等がいないことのみを理由に、医師が患者の入院を拒否することは、医師法第19条第1項に抵触する」（平30・4・27医政医発0427第2）とされています。

　今後、ますます単身世帯や頼れる家族がいない人が増加することが予測されている社会的構造において、判断能力や家族関係がどのような状態であっても、一人一人の意思や意向が尊重され、介護・医療等のサービスを安心して受けることができるようにしていくことが重要です。

3　身元保証等に求められる機能と役割

　入院や入所契約の際に求められる身元保証等の一般的な役割は、費用の支払に関する保証、買い物や手続等の代行や日常的金銭管理等の日常的な生活支援、緊急時の連絡先や死亡時の遺体・遺品の引取りや費用精算等が主に挙げられます。

　しかし、これらの機能は身元保証人等にしか求められないことでしょうか。例えば、緊急連絡先については、契約者である高齢者本人の

判断能力が十分である場合、本人の意向を確認し、緊急連絡先になり得る人の存在を確認します。そして、連絡先になり得る人がいない場合であっても、緊急時に考えられる対応について本人と検討し、本人の意思決定を支援することは可能です。その際、緊急連絡先がないこと、本人の意向や話し合った内容、本人が決定した意思等を「記録」に残しておきます。緊急連絡先や費用の支払等の方法に関する相談は、生活相談員等が窓口になって対応することが多いと思われますが、これらの相談を「手続的に必要な相談」として捉えるのではなく、本人がどのように生活していくか、本人が望む生活を送るために必要な支援は何かを考えるための相談として捉え、本人の支援に関わる人がチームとして対応していくことが大切です。また、「意思」は固定的なものではなく、変化するものとして捉え、繰り返し確認していくことも大切です。

　本人の意思の尊重、自己決定の尊重は、判断能力が十分ではない人であっても、「本人には意思があり、意思決定能力を有するということを前提にして、意思決定支援をする」ことが求められます（厚生労働省「認知症の人の日常生活・社会生活における意思決定支援ガイドライン」平成30年6月）。

　一方、契約能力や金銭管理能力等において、判断能力が十分ではなく、本人だけでは適切な法律行為が行えない場合には、その判断能力の程度に応じて、日常生活自立支援事業や成年後見制度（任意後見制度、法定後見制度）等の事業や制度としての権利擁護支援の活用を考え、適切につながるように働きかけていくことが求められます。

　「身元保証人等」の存在を一律に求めるのではなく、求める役割や機能を考え、介護サービス等を利用する一人一人の状況に応じて、公的機関（市町村や地域包括支援センター等）への相談や権利擁護に係る法的制度の活用等を通した対応を考えましょう。

弁護士のアドバイス	「成年後見人等」と「身元保証等・身元引受人等」

　「成年後見人」には、任意後見人と法定後見人の2種類があります。前者は本人と任意後見人候補者との契約により、後者は法律に基づき家庭裁判所が適任と思われる個人ないし法人を成年後見人等に選任して決まります。成年後見人は、本人のためにその身上保護と財産管理を行い、「成年後見人は、成年被後見人の生活、療養看護及び財産の管理に関する事務を行うに当たっては、成年被後見人の意思を尊重し、かつ、その心身の状態及び生活の状況に配慮しなければならない。」（民858）とされているとおり、本人の意思を尊重しなければなりません。また、成年被後見人との間で利益が相反する行為は禁止されています。

　一方、身元保証とは、一般的には、民間企業に就職する新入社員の親などが身元保証に関する契約に基づき、引受け、保証そのほかどのような名称であっても、期間を定めずに被用者の行為によって使用の受ける損害を賠償することを極度額の範囲で約束する契約のことを指します。このような「身元保証人」は、成年被後見人等の本人が介護施設に入居条件として、介護施設から「施設利用料の確実な支払のために」準備することを求められる場合があります。

　しかしながら、仮に成年後見人が身元保証人になり、後日、成年被後見人に代わって施設利用料を立て替えてしまうと、法律上、成年後見人が成年被後見人に対し「求償権」という債権を持つことになります（民499）。この場合、成年後見人と成年被後見人とは、債権者と債務者という関係に立つため、客観的に利益相反関係に立つことになります。したがって、成年後見人は、本人のためで

あっても、身元保証人になることはできません。このことは、仮に本人に十分な資力があり、成年後見人は施設利用料の立替払いをするような危険が生じ得ない場合も同様です。

　一方、「身元引受人」とは、本人の入院時や逝去した場合などの手続、緊急連絡の指定先、施設を退去する際の身柄の引受けや残置物の引取りなどを行う立場の人ですが、本人の債務を保証することはないとされています。このように、本人の債務保証をしない「身元引受人」の場合であれば、身上保護と財産管理という成年後見の職務と矛盾せず、後日、本人と利益相反関係にならないため、成年後見人であっても就任することは可能です。

〔4〕　身元保証等団体の利用を考える場合

| 相談内容 | 入所契約において、頼れる親族がおらず、緊急

時の連絡先になり得る人もいないことが分かりました。本人と相談の上、いわゆる身元保証等団体の利用を考えることにしました。利用する際に気を付けておいた方がよいことはありますか。

ポイント

① 判断能力の程度や本人の状況を把握し、成年後見制度活用の必要性も考えることが大切です。
② 身元保証や身元引受等に求める機能や役割を理解し、いわゆる身寄りがない人への対応において考えられる支援について検討することが大切です。

回　答

1　身元保証等団体による消費者被害防止への視点

　介護サービス等を提供する側としては、安定したサービス提供のために、利用料の支払の確保や契約者に万が一のことが起きた場合の緊急連絡先の確保等を考えなければならない事情があります。

　そこで、身寄りがない人への対応においては、昨今「身元保証等高齢者サポートサービス」と呼ばれるような、日々の見守りや医療機関への入院等の際の「身元保証人等」、死後の葬儀の手配等について、有償で対応するサービスを利用することを、入所や入院契約時の条件のように扱う事例が発生している現状があります。

　しかし、こうしたサービスを提供する事業に対して、指導監督に当たる行政機関が明確ではなく、利用者からの苦情相談等についてもほとんど把握されていないとの指摘があります（消費者委員会「身元保証等高齢者サポート事業に関する消費者問題についての建議」平成29年1月31日）。

　こうした状況を受け、高齢者等が身元保証等高齢者サポート事業を安心して利用するためには、当該事業による消費者被害を防ぐことが重要であることから、地域における相談体制や福祉行政部局と消費者行政部局との情報の共有や連携の強化等を図ることが求められています。具体的な地域の相談先としては、市町村の高齢福祉所管や地域包括支援センター、消費生活センター（消費生活相談部局）が想定されています。

2　正確な知識や情報に基づく利用検討

　たとえ身元保証人等になるような人がいない場合でも、介護サービスの利用や入院サービスを受けることは可能です。しかし、利用する高齢者にとって、自分自身に何か起きたときに必要な手続等を一緒に支援してくれるような仕組みを求めるニーズがあることも事実です。

　「身元保証人等がいない」＝「身元保証等高齢者サポートサービスの利用」と結び付けず、まずは個別に利用者の不安や要望（もしものときに連絡する親族がいない、認知症等になったら様々な手続等をお願いする人がいない、死後の家財道具の処分や葬儀はどうしたらよいのかなど）を具体的に把握し、その不安を解消するための様々な対応方法を一緒に考える関わりが必要です。

　そのためには、利用者の判断能力の程度や家族や関わりのある人との関係性等の情報を「利用者の権利擁護」の視点で正しく把握することが大切です。そして、活用できる社会資源や関連する制度や相談先等に関する正確な知識や情報を持ち、必要に応じてその情報等をアッ

プデートしていく姿勢が大切です。

　日常生活自立支援事業の利用や成年後見制度（任意後見制度、法定後見制度）の活用はもちろん、社会福祉協議会や地域によっては都道府県の監理団体や外郭団体が提供する事業など、公益性のある団体が行っている同様の有償サービスの情報なども把握しておくとよいでしょう。

　介護サービスの契約の際に、介護サービス事業所が指定する団体等との身元保証等契約を誘導するような対応は、利用者の選択を狭めることにもつながりますし、身元保証等団体の利益が介護サービス事業所の利益になるような事態は避けなければなりません。

　介護サービスの契約条件と思われるような身元保証等団体との契約の位置付けや、団体等の紹介の仕方には注意が必要です。

弁 護 士 の アドバイス	身元保証等団体の利便性と注意点

　高齢者が施設入居を検討する際、頼れる親族も緊急時の連絡先になり得る人もいないという状況は、近時、決して珍しいことではありません。このような場合、高齢者に十分な判断能力があるときは（例えば、いまだ独居生活が困難になっているというわけではないが、終活の一環として施設入所を検討しているようなケース）、身元保証等高齢者サポート事業を利用することは、それほど問題はないと思います。

　ただ、民間の一部の「身元保証等高齢者サポート事業」の中には利用料が高額だったり毎年自動値上げがあるとかオプション料金が分かりにくいとか高かったりなどといった問題が見受けられるものがあるようです。また、高齢者が一度「身元保証等高齢

サポート事業」と利用契約を結ぶと、よほどのことがない限り同
事業の契約相手を変更することもないため、契約内容の事後的な
内容確認や見直しをする機会もないのが通常だと思われます。さ
らに、「身元保証等高齢者サポート事業」に関してはあくまでも高
齢者との対等かつ任意の契約にすぎないという前提があることか
ら公的な指導監督機関もありません。

　そこで、今後の取組としては、成年後見制度の利用の促進に関
する法律の趣旨に鑑み、高齢者がケアマネジャー、相談支援専門
員、生活保護ケースワーカー、保健師、精神保健福祉士、入院先
医療機関、介護サービス事業所、民生委員、障害福祉サービス事
業所、訪問看護ステーション等と連携しながら施設入居を検討す
る相談が受けられるような態勢を目指しつつ、日常的に本人の見
守りや本人の意思や状況を継続的に把握し、必要な対応を行う仕
組みを作ることが必要になると思われます。最終的には、法定後
見制度の利用を見据え、本人の判断能力の有無・程度に応じた支
援や関わり方を通じて、高齢者の消費者被害を防ぐことが重要で
す。

〔5〕　施設で入所者の金銭管理を行う場合

相談内容　　　当該施設への入所前の面接において、本人の金銭管理に不安な様子が見られました。本人は「入所後も自分で管理する」と言いますが、施設管理の方が安心であるため、入所契約の際に預り金管理契約を勧めていこうと思います。施設が管理する場合の留意点はありますか。

ポイント

① 　利用者本人の依頼に基づかず、他人が金銭を管理することは、原則としてできません。
② 　利用者と介護サービス事業所の間には、利益相反の関係があります。管理契約を締結するなど、施設側の管理責任を明確にした管理体制が必要です。
③ 　利用者本人の判断能力の程度に応じて、適切に成年後見制度（法定後見制度、任意後見制度）を活用した管理方法を検討する必要があります。

回　　答

1　施設での金銭管理の在り方

財産権は、憲法29条により保障された人権です。自分の持っている財産を自由に使うことができます。したがって、本事例のように本人の意思に基づかず、「施設で管理した方が安心だし、本人のためになる」「金銭管理に不安がありそう」という支援者の主観的判断だけで、利用者の財産を預かることはできません。本人の意思を尊重することが原則です。本人だけの管理に不安が見られる場合は、支援者が不安に思う状況を本人と共有し、本人がより安心して安全に管理することが

できるような方法について、本人と一緒に検討していきます。その際、本人の意思決定能力を見極め、分かりやすい説明と必要な情報を提供するなど、意思決定支援のプロセスに沿って本人による意思決定を支援する姿勢が求められます。

2　利用者本人や家族等からの依頼に基づく金銭等の預かり

　一方で、利用者本人から現金や預貯金通帳、印鑑等の預かりを依頼されることがあり、実際に施設等で金銭等を預かることが行われている現状があります。

　これは、入所後の財産の保管や管理する場所がない、自分の預貯金を家族から守りたいなど、利用者本人側の事情による場合が考えられます。他方、施設利用料を確実に受領したいなどの施設側の事情による場合もあると考えられます。一見すると、双方の利害が一致しているように見えますが、そもそも利用者と施設はサービスを受領する側と提供する側という、利益相反の関係にあることを忘れてはいけません。

　本人の依頼に基づく場合であっても、利用者本人に、いわゆる管理等を委任する能力が備わっているのか、客観的に見極める必要があります。その上で、まずは施設の立替払い等、預り金を管理しない方法について検討を行い、預り金としてその管理を代行する場合においては、真に必要最小限にとどめるべきであることを考える必要があります。

　また、預り金を管理する場合においては、「管理規程」等を設けるなどして、規程に沿った適切な管理及び出納事務を責任を持って行うことが求められます。

3　成年後見制度の活用による金銭管理

　利用者が他者による金銭管理を希望し、その管理を委任する能力がある場合、方法として任意代理契約の活用を検討することができます。利用者自らの「誰に」「何を」「どのように」してほしいのかなどの意

思が明確であり判断能力の衰えがなく、自らの力で契約をすることができる場合は、自らが選んだ人と任意代理契約を結び、金銭管理を委任することができます。

　施設において、預り金としてその管理を代行する場合、上記2のとおり必要最小限にとどめるべきであり、ある意味、本人の意思を十分に尊重して、本人が望む金銭の管理に応じることが難しくなります。本来、本人の財産は自らが管理し、その権利を行使することが保障されるべきですから、法的代理人により本人の意思を尊重した管理がなされるように支援することが大切です。

　また、判断能力が十分ではなく、任意代理契約を締結することができない場合は、法定後見制度を活用し、本人の意思を尊重し、本人にふさわしい生活を配慮して、本人の財産を適切に管理していくことができるよう支援していきます。

　成年後見制度の活用は、財産管理だけではなく、身上配慮義務に従って、本人が望む生活を法律的に支援する仕組みであることを思い出しましょう。

　ソーシャルワーカーとして、利用者に必要な支援を点ではなく面で支えられるように、本人にとって有効な制度やサービス、知識等の情報提供を行うなど、本人が主体的に考えていくことができるような働きかけを心掛けましょう。

弁護士の アドバイス	高齢者施設等における「預り金管理規程」等の 考え方

　財産管理が煩わしい、あるいは自分にはできなくなった、盗難の可能性や家族による使い込みなどのリスクを回避するために、高齢者が財産管理、特に預貯金の入出金を施設に依頼する要望は強いと思いますし、実際にも管理契約が結ばれるケースが多数あ

るのが現状です。しかし、高齢者にとって預貯金を中心にした財産は快適な老後を支える資産である上に、一旦財産を失うとその回復が著しく困難であることから、経済的に破綻してそれまでの生活が維持できなくなるおそれがあります。さらに、もともと高齢者と施設の間には利益相反の関係にあることは疑いがありません。したがって、高齢者が施設に対し財産を預かってもらうとしても、①高齢者が施設との間で預り金の管理に関する委任契約（民643）あるいは準委任契約（民656）の契約当事者になれる場合であること（高齢者に意思能力があること）をきちんと確認しその経過を記録に保管しておくことが大前提になりますし、②高齢者との（準）委任契約の根拠となる預り金管理規程を作成することは不可欠であると思います。この預り金管理規程には、①受任者の権限と責任の範囲を明確に定め、かつ、管理責任者を明記すること、②入出金の経過を裏付ける証拠書類（領収証、請求書）の保管を義務付けること、③高齢者が要求した場合はもちろんのこと、定期的に入出金の経過・内容については開示することを義務付けること、④預り金額は高齢者の日常生活に必要な限度の少額にとどめることを原則にすることなどは定めるべきでしょう。なお、このような預り金管理規程の有無にかかわらず、受任者たる施設には善管注意義務（民644）がありますし、高齢者（委任者）から施設が委任事務処理の状況報告を求められた場合は遅滞なく管理の経過や結果を報告しなければなりません（民645）。このように考えると、高齢者が施設に現預金を預けることには慎重であるべきこと、預り金処理の現実的な必要性がある場合でも契約を結ぶ高齢者の判断能力の確認、その保護のために預り金管理規程を作成し契約内容に十分に配慮すること、預り金処理の必要性が生じた以後は任意ないし法定後見制度の利用を積極的に検討することが必要といえるでしょう。

〔6〕　本人の希望と家族や関係者の意向が異なる場合

相談内容　　脳血管疾患で倒れ、リハビリ病院から介護老人保健施設へ入所してきたＡさんは、軽度の片麻痺はありますが杖歩行が可能なレベルまで回復してきました。遠方に住む家族や施設関係者は、失語症と軽度認知症があるため、一人暮らしは心配であり、施設入所が望ましいと考えています。本人も反対の意向を示していませんでした。しかし、最近本人が「家に帰りたい」と言っていると、面会に来た知人の方が教えてくれました。どのような対応が必要でしょうか。

ポイント

①　認知症の人の意思決定支援のプロセスを踏まえて、本人の意思決定支援の方法について、適切なメンバーで構成された意思決定支援チームによる話合いをすることが必要です。

②　意思決定支援に当たり、本人の意思を繰り返し確認すること、支援のプロセスや判断が適切であったかどうかを確認することが大切です。

回　　答

1　「声なき声」を聴く姿勢で、本人の意思を確認していく視点

　介護サービス利用に当たり、利用者自身の希望に基づき利用を決めているというより、家族や関係者の希望に沿って利用を開始されているのではないかと疑問に思うことがあります。そこには、家族への気兼ねや遠慮、迷惑を掛けたくないという気持ちが働いているかもしれ

ません。「こうすることで家族を安心させられるなら、それは自分の望むこと」と考える人は、納得はしていないけれど、だからと言って反対することでもないというような心情があるかもしれません。又は、「今まで誰かが決めてくれていたので、いきなり自分で決めることはできない」という方は、「誰かに決めてもらいたい」という気持ちがあるため、「私には分かりません。お任せします」というような言葉や態度で表現をする場合もあるでしょう。

　そして、意思決定というものは、物理的・人的環境に大きく影響を受けるものです。本事例のように、医療・介護等の専門職や家族との関係性の中では、先に述べたような気兼ねや遠慮、又は丁寧に意向を聞いてもらえないなど関係者の態度等によって、反対の意思表明ができなかったことが想定されます。そのため、気心の知れた知人との間では、安心した環境や気兼ねなどもない関係性の中で、自分の意思を表現することができたのでしょう。

　このように、本人の意思・意向が複数確認できるようなことがあると、どちらが本心なのか迷い、意思決定をどのように支援するべきか不安に思うことがあると思います。しかし、表明された意思に疑問を持つことは、ソーシャルワーカーとして必要な気付きです。

　意思の表明が難しい方への対応も含め、たとえ表明された意思があったとしても、それは本当に本人の意向や選好が尊重された意思なのか、本人のその時々の意思決定能力の状況に応じて、意思決定支援をする姿勢が大切です。

2　意思決定能力の考え方

　特に認知症や障害により認知機能の低下が疑われ、意思決定能力が十分ではないと思われるような人は、自らの発言や意思が他者に受け入れられにくく、いつも誰かに決められてしまうようなことが、日常

的に当たり前になっている場合があります。

　支援者は、認知症であることを理由に「認知症の人は自らの意思決定をすることは困難」と一律に捉え、意向を聞くことさえしないことがあるかもしれません。そして、当然のように本人ではなく、家族や本人の周りの支援者等に本人に代わって意思決定をしてもらうように関わることに、疑問を持たなくなっているかもしれません。

　しかし、障害や認知症の症状により意思決定能力が十分ではない場合でも、本人には意思があり、意思決定能力を有していることを前提に、「本人の意思（自己決定）の尊重に基づいて支援をすること」が、各種意思決定支援に関する指針（ガイドライン）における共通の基本的な考え方として掲げられています。本事例では、本人には軽度認知症と失語症がありますが、まず意思決定能力（理解する力、認識する力、論理的に考える力、選択を表明できる力）を正しく評価できているか確認をします。その際、改訂長谷川式簡易知能評価スケール等の認知機能評価スケールのデータや失語症に関する各種検査結果等の認知機能や心身の状態を適確に示す客観的情報と、実際の本人の日常の暮らしの中で得られる生活状況等の情報の両面から評価判定をしていくことが必要です。そして、その意思決定能力は、環境や心理的影響、心身の状態等によって変化します。

　そのため、「あるかないか」で考えず、本人の「できていること」が向上できるような働きかけ、本人の意思決定能力が高まるような関わり方(理解しやすいような説明や情報提供の方法や選択方法の工夫等)など、意思決定支援に関わる人（以下「意思決定支援者」といいます。）の支援力によっても変化することに注意が必要です。

3　意思決定支援のプロセスに沿った、本人の意思決定の尊重

　また、意思決定支援を行う前提として、以下の点に留意します。

① 意思決定支援者（ケアを提供する専門職種や行政職員等、家族や成年後見人等、地域の関係者や本人のことをよく知る知人等）の態度（本人の意思を尊重する姿勢、本人が安心できるように本人のことをよく知ろうとする姿勢等）

　　本事例では、家族や現在の施設関係者だけではなく、本人が意思表明できた知人も意思決定支援者に含めるなど、意思決定支援チームのメンバー選定を丁寧に考えることが必要です。

② 意思決定支援者との信頼関係、立ち会う人との関係性（信頼関係の構築、本人の心情や遠慮などへの心配り等）への配慮

　　本事例では、知人や、失語症である状態を考え、施設に言語聴覚士がいれば、コミュニケーション面をサポートできるように言語聴覚士も考えられます。

　　なお、意思決定に関わる人の考え方として、関与者を固定するのではなく、目的や場面に合わせて関与者は変わっていくものと捉えておくことも必要です。

③ 本人が意思表明しやすい安心できる環境（緊張や混乱を防げるような場所、時間、人数等）への配慮

　　本事例では、職員側の都合を優先せず、本人が落ち着く場所や時間を日頃の生活から考えます。ただし、家族が遠方であることを考えると、時間への配慮が難しいこともあると思いますので、可能な範囲での配慮を考えます。

　このように、人的・物理的環境の整備への配慮と意思決定能力を適切に評価しながら、意思決定支援のプロセス（意思形成支援＋意思表明支援＋意思実現支援）に沿って、本人が自ら意思決定できるよう意思決定支援チームによる会議（話合い）を行いながら支援していきます。

4　本人にとって見過ごすことのできない重大な影響が生じる場合でない限り、本人意思を尊重する姿勢

　意思決定支援は、食事や外出、排せつ等の日常生活の習慣上の場面や、本事例のようにこれからの住まいの場を選択するようないわゆる社会生活における意思決定の場面があります。表明された本人の意思が、日常生活・社会生活に反映した場合に、本人にとって見過ごすことのできない重大な影響が生じる可能性がある場合には、意思決定支援チームで再度プロセスを踏まえて、意思決定支援の方法について話し合うことが必要です。つまり、本人がとり得る選択肢が、他者を害する場合や、あらゆる方法を尽くすべく慎重に検討してもなお明らかに本人にとって不利益な選択肢であり、回復困難なほど重大な影響が生じるといえる場合でない限り、本人の意思は尊重されると考えられています。

　例えば、本事例の入所者の「自宅に帰る」という意思が、在宅での介護サービスの利用をはじめ、他者からの支援を一切拒否した条件での「自宅に戻って一人で生活する」という具体性を持っていたとします。本人の心身機能の状態からADLやIADL、コミュニケーション能力等を総合的に考え、その意思の実現が本人の生活を破綻させてしまうことにつながる場合は、本人が現在表明している意思決定に対して、支援を拒否する理由を本人から丁寧に確認します。意思は変化するものであり、時間や場面を変えて繰り返し確認する姿勢も大切です。そして、現在の本人の意思を実現しようとした場合に想定される生活上のリスク等について、正しく理解できるように説明方法等を改善するなど、意思決定支援の方法の見直しをチームで話し合うことが必要です。同時に、根拠を明確にして意思決定能力の評価を適宜行い、改めて意思決定支援のプロセスを踏まえて支援することが必要になります。そして、支援について都度モニタリング・記録します。

　意思実現支援のプロセスにおいては、本人が実際の経験をする（例えば、体験入所や自宅への一時外出など）ことを支援する場合もあります。実際の体験により、本人の意思が変わることもあるため、有効な方法といえます。

　このように、意思決定支援は、たとえ認知症等による判断能力の低下が疑われ、意思決定能力が不十分であっても、あらゆる方法をやり尽くして本人が自ら意思決定できるよう支援する姿勢が重要になります。本事例のように、知人との関係性の中で表せた本人の意思を、知人も大切に思い施設関係者へ知らせてくれたことは、意思決定支援の必要性を気付かせてくれたと捉えるべきでしょう。

＜策定されている主な意思決定支援に関するガイドライン＞
・障害福祉サービス等の提供に係る意思決定支援ガイドライン（平29・3・31障発0331第15）
・人生の最終段階における医療・ケアの決定プロセスに関するガイドライン（平30・3・14医政発0314第7）
・認知症の人の日常生活・社会生活における意思決定支援ガイドライン（平30・6・22老発0622第1）
・身寄りがない人の入院及び医療に係る意思決定が困難な人への支援に関するガイドライン（令元・6・3医政総発0603第1）
・意思決定支援を踏まえた後見事務のガイドライン（意思決定支援ワーキング・グループ、令和2年10月30日）

弁護士のアドバイス	判断の大原則は本人の意思決定・選択の尊重

　憲法13条は、「すべて国民は、個人として尊重される。生命、自由及び幸福追求に対する国民の権利については、公共の福祉に反しない限り、立法その他の国政の上で、最大の尊重を必要とする。」

と定めています。つまり、国民は、個人として尊重され自分の幸福を追求するために「どこに住むか」、「誰と住むか」、「どのような生活を送るか」ということは自由に決定することができます。本人の意思決定は本人に寄り添うことを通じて最大限尊重されることを憲法は保障しているのです。そのため、親、兄弟、配偶者、子ら家族あるいは福祉関係者などの第三者の考えや方針が、本人の考えや希望に優先されることはあってはならない、というのが原則となります。

　仮に、本人が当初は家族等の考えに賛同したとしても、後日、家族等とは違う考えに変えたとしたら、その「変えた方の考え」が優先されますし、その「変えた方の考え」が本人への様々な支援によって実現可能となるならば、「家族等の考え」を選択する余地はありません。本人の人生はあくまでも本人の人生であって、本人の生き方の選択は家族の都合や希望に劣後するものではないからです。

〔7〕　要介護度変更による入所契約見直しが必要な場合

相談内容　　特別養護老人ホーム入所時は要介護3だった方が、服薬管理や栄養バランスのとれた食事、清潔保持などにより体調も回復し、今回の介護認定更新により、要介護1か要支援2程度になることが見込まれています。本人は一人暮らしに戻ることへの不安が大きく、施設での安心した生活の継続を希望していますが、職員からは「在宅生活再開も検討した方がいいのではないか」という意見が出ています。「自立支援」のため、在宅生活再開の方向性で説得した方がよいでしょうか。

ポイント

① 「自立支援」と「尊厳の保持」を図るためにも、本人の意思決定支援が必要です。
② 制度運用上の制約を踏まえ、必要な情報提供や選択肢の提示ができるよう、関連諸制度の情報収集及び分析が求められます。

回　　答

1　本人の意思決定支援の視点を優先した支援方針の検討

　要介護度が改善されることは大変良いことです。施設にとっても、良いケアを提供してきたという評価にもつながります。一方で、高齢者としては、適切で必要な介護の提供を受けているからこそ回復でき、自立度が向上している状態でもあります。また、現在の生活に安心が得られている中では、住まいの変更に対して不安を持つことは当然の

ことでしょう。

　本事例のように特別養護老人ホームに入所している場合、制度上原則として要介護3以上であることが入所要件となります（介保8㉒㉗、介保規17の9、要介護認定等に係る介護認定審査会による審査及び判定の基準等に関する省令1）ので、要介護度が改善された場合の入所契約更新に当たり、施設として悩ましく思うことも事実です。

　もちろん、介護保険制度では「特例入所」（「指定介護老人福祉施設等の入所に関する指針について」平26・12・12老高発1212第1）も位置付けられていますので、対象者が要件に当てはまる場合は「特例入所」として、継続入所は可能です（施設のみでは判断が難しい場合は、必要に応じ市町村へ意見照会する等適切な連携を図ります。）。しかし、特例入所の要件に該当しない場合は退所することになるため、他の住まいの選択肢を検討する必要があります。

　検討をする際、専門職をはじめとした支援者が、介護保険法の目的でもある「自立支援」の実現に向けて在宅生活再開を提案することは、間違った考えではありません。しかし、この考えを「本人のため」「本人に良かれと思った」場合でも、本人への押し付けになってしまっては、意思決定支援としては誤った対応です。本人に対する説明方法と意向確認について、あらゆる方向から考え支援する必要があります。

　特に、頼れる身寄りがなく、成年後見人等もいないような場合、施設関係者や地域の支援機関（地域包括支援センターや社会福祉協議会、介護サービス事業所等）が連携して、これからの生活について本人の意思決定をサポートしていくことが求められます。

　もちろん、成年後見人等が選任されている場合も、成年被後見人等の意思決定支援に基づく後見事務が適切に行われるよう、成年後見人等と共に本人の意思決定支援を行っていくことになります。

2　特別養護老人ホーム退所後の生活の場の確保

　特別養護老人ホームの特例入所の適用が難しい場合、高齢者の意思を最大限尊重しながら、特別養護老人ホーム以外の生活の場の確保を検討していきます。その場合、本人の心身の状況や経済的状況等を踏まえ、適切なケアや支援を受けることが可能な住まいの確保を考えていくことになります。本人はどこで、どのような住まいの形態を選択するか、収入及び資産状況から費用負担が可能なのは、どのようなサービス提供かなど、本人が希望する中で実現可能な住まいの選択肢を提示し、適切な決定ができるようにチームで支援していきます。

　本事例の高齢者が、例えば経済的には蓄えもなく、年金収入だけで入所可能な場所を探そうとすると、有料老人ホームへの入所は難しい可能性があります。心身の状況からは、必要な介護保険サービスと日常的な見守り支援が受けられることが可能であることを条件にすると、比較的安価なサービス付き高齢者向け住宅等も検討されるでしょう。あるいは、養護老人ホームの契約入所（「養護老人ホームにおける契約入所及び地域における公益的な取組の促進について」（令元・7・2老高発0702第1）により収容の余力がある場合に限り、定員の20％の範囲内で契約入所が認められています。）についても検討の余地はあるでしょう。

　特別養護老人ホーム以外の利用の場合において経済的課題が生じるのであれば、生活保護の申請についても検討は必要です。また、頼れる家族がおらず身寄りのない場合においては、入所等契約における身元保証人等を求められる問題も生じてくる可能性はありますから、生活相談員として必要な知識や情報に基づき適切な支援と関連機関と連携をしていく地域におけるネットワークの構築が重要です（身寄りのない高齢者への支援については、〔9〕参照）。

　上記のように、支援者が本人による自己決定に必要な情報や選択肢

を本人へ提供していく過程において、どうしても支援者による選別等が入ってしまうことは避けられません。こうしたある意味誘導的な関わりは、支援者側の都合に誘導するような、本人にとって不当な要素があってはなりません。しかし「本人の基本的人権を守り、生活の質の向上を目的とする、より良い意思決定の形成を手助けする」ような誘導については、認められる場合があるという考え方も示されています。さらに、許され得る誘導であっても、外部（支援者等）からの干渉による意思誘導にはなりますから、その結果本人が決定したことに対する責任は、本人の自己責任にすることは不当であることを支援者は自覚しておく必要があるとも示されています（公益社団法人日本社会福祉士会編『意思決定支援実践ハンドブック』17・18頁（民事法研究会、2019））。意思決定支援は、本人による自己決定をサポートする介入的手法であることを考え、支援者は十分注意して支援に当たりましょう。

第 2 章

サービス提供に関する相談
（本人への相談援助）

38

〔8〕　多職種連携によるチームアプローチが難しい場合

| 相談内容 |　介護老人保健施設に併設した同じ法人の居宅介護支援事業所のケアマネジャーから、持病で短期間の入退院を繰り返している利用者の入所相談を受けました。現在も入院中ですが、主介護者の妻が夫の病状変化に気が付きにくくなっていることもあり、自宅退院を希望している妻を説得して入所の方向性になったといいます。気持ちが変わらないうちに、何とか入所調整をしてほしいという依頼でした。入所手続を進めていく上で、気を付ける点はありますか。

ポイント

① 早急な対応が求められている時こそ、正確な情報に基づく多職種チームによる判断と対応が必要です。
② 多職種連携によるチームをコーディネートするスキルを磨きましょう。

回　　答

1　正確な情報に基づく多職種連携が重要

　介護老人保健施設は、在宅復帰・在宅療養支援機能の推進が進められています。そうした意味から、入所前から退所後の居宅サービスとの連携体制の強化も求められています。

　「平成28年介護サービス・事業所調査」（厚生労働省）によると、介護老人保健施設の入退所の経路は、医療機関からの入所が半数を占め、

退所後の行き先も「家庭」に戻る割合以上に「医療機関」が多い割合になっている現状があります。こうしたことから、入所目的や退所後の生活の方向が、必ずしも在宅復帰・在宅療養ではない場合が一定数あることが分かります。もちろん、入所時は在宅復帰を目指していたものの、入所中に病気の再発や新たな病気の発症等により在宅へ戻れないような状況になっていることも考えられます。しかし、入退所経路のいずれも医療機関が最も多いことから、在宅生活の継続が困難な心身の状況や家庭環境等が背景にあることは、十分考えられます。また、医療的ケアやリハビリテーションを必要としている人が、介護老人保健施設を利用している現状を考えると、入所に当たり医療情報を適確に入手し、施設サービス計画に反映することが重要といえます。

　入所相談の中には、高齢者やその介護者の置かれた状況から急な受入れを求められ、入所可否の判断をしなければならない場合もあるでしょう。その場合、医療情報や利用者に関する情報の詳細が分からない中で、相談に応じなければならないこともあります。しかし、急な受入れに応じようとするときこそ、短時間で必要な施設ケアについて多職種で連携して検討し、入所に備える必要があるため、確かな医療情報をあらかじめ入手しておくことが大変重要です。

　本事例のように、入退院を繰り返しているような場合、入所中も病状の変化等が生じやすいなどの予測はつきます。逆に、これまで入退院を繰り返していたからこそ、居宅サービス関係者は「前回と同じ」という認識が強く、これまでの情報を把握していることから、新たな医療情報等を確認することに消極的かもしれません。相談員としても「これまでも、自宅でケアができていたのだから」という認識から、必要な医療情報の収集を後回しにしてしまうことがあるかもしれません。しかし、これからケアに当たる看護職や介護職にとっては、必要な医療的ケアの詳細や起こり得るリスク等に関する正確な情報がない

中でケアを開始することへの不安は、大きなものです。

　支援者の間での認識が異なる中での不確かな情報のやり取りは、多職種連携によるチームアプローチに支障を来します。正確かつ鮮度の良い情報を入手し、チーム全体での検討が行えるようにすることが大切です。

2　施設内外の多職種連携によるチームアプローチ

　介護保険施設には、それぞれに求められた役割や機能があります。介護老人保健施設の機能については先に触れたとおりですが、利用する側の利用目的と一致しないような場合もあるのではないでしょうか。

　本事例では、自宅退院を希望している主介護者の家族を居宅のケアマネジャーが説得し、その上、家族の「気持ちが変わらないうちに」と、十分納得していないような状況での入所相談であることが気になります。このまま入所した場合、施設サービス計画の説明に対しても、十分な理解を得られない可能性があります。その結果、退所予定期間まで待てずに退所を希望する意向に変化する可能性はあります。このような利用者本人や家族の意向や入所に至った背景等の情報は、チーム全体で把握しておくことが大切です。その上で、利用者本人が主体的に入所生活を過ごしていけるような働きかけと施設サービス計画の策定を考えていくことが求められています。その際、共に利用者の在宅復帰を目指し支える側の家族に対する協力を依頼する内容についても検討し、チームで役割分担をして働きかけていきます。

　また、入所により居宅サービスが一旦終了することで、これまで在宅で支えてきた居宅サービスチームの関わりが薄れてしまいがちですが、必要な情報提供を依頼するなどの関係を維持しておくことは大切です。これまでの利用者の生活状況・生活環境及び介護状況や支援者

との関係性、在宅ケアにおける課題等について、居宅サービス関係者とも連携しながら、アセスメントを深めていくことが重要です。

　そのため、多職種連携によるチームアプローチは、施設内のチームだけではなく、居宅サービスの支援チームも含めて協働していく必要性について、検討をしてみることもポイントです。

3　多職種連携を推進するためのファシリテーター機能

　多職種連携・協働によるチームアプローチを円滑に行うためには、まずチーム作りが必要です。医療保健福祉の現場では、チームアプローチの推進は共通の取組であり、チームに関する研究も多く行われている現状があります。

　チームになるためには、まずミッション・ビジョンを共有することが必要です。支援のゴールや方向性を全員が共有した上で、それぞれに求められる役割や機能を認識します。自分のことさえ分かっていればよいのではなく、自分は全体の中のどの役割を期待されているのかを理解しておく必要があります。そうでなければ、それぞれが勝手に動いてしまい、バラバラになってしまいます。そのため、チームのコーディネーターが必要です。チームのコーディネーターには、各メンバーの役割認識を一致させることや協働の意欲を引き出し、高めるための調整をしながら、チームによる合意形成と相互理解を促進していくことが求められます。

　コーディネーターになる人材については、それぞれの職場や組織によって異なると思いますが、相談援助を行う上で、他の専門職等との協働、福祉分野をはじめとする各施設・機関等との連絡・調整及び連携といった役割が求められているソーシャルワーカーである相談員が担っていくことも期待されます。相談員は、ケースカンファレンスや意思決定支援会議等、各種会議の招集や進行役になることも多いと思

いますが、実はその「会議」はチームアプローチを進めていく上でとても有効です。

　利用者の生活を支えるケアチームは、メンバーの相互理解の上の合意による意思決定が可能なチーム体系が適しています。ただし、緊急対応時においてはトップダウンによる指揮命令系統に基づく判断と意思決定が必要になることは、言うまでもありません。では、どのようにして「相互理解の上の合意形成」を目指していけばよいのでしょうか。それを可能にする場が「会議」です。

　会議では、合意形成されるまでのプロセスをメンバー間で共有することができ、そのプロセスは相互理解の促進につながります。会議での司会・進行役も、チームのコーディネーターが担うことで、チーム力は向上します。そして、チームアプローチを進めていく上で、知っておきたいスキルが「ファシリテーション」です。

　ファシリテーションは、「集団による知的相互作用を促進する働き」（堀公俊著『ファシリテーション入門〔第2版〕』23頁（日本経済新聞社、2018））のことであり、具体的には「中立的な立場で、チームのプロセスを管理し、チームワークを引き出し、そのチームの成果が最大となるように支援する」（フラン・リース著、黒田由貴子訳『ファシリテーター型リーダーの時代』2頁（プレジデント社、2002））とされています。ファシリテーターは、それらを「促進する人」「支援する人」であり、多職種連携によるチームアプローチを進めていく上で求められているコーディネーターの機能を持っているといえます。

　円滑な多職種連携の実現には、それぞれの専門性を尊重することが大切です。専門性には違いがあるからこそ多角的な視点が確保されます。その専門性の違いや専門教育の違いを理解した上で、お互い尊重し合いながら協働できるようなチーム作りを目指していきましょう。

〔9〕　身寄りのない入所者の看取りに関する意向確認が難しい場合

相談内容　特別養護老人ホームに入所している身寄りのない高齢者は、最近食事がとれなくなってきました。入所時に確認している看取りに関する意向は「ここで穏やかに（職員の）皆さんに見送ってもらいたい」というものです。その後、持病により入退院を繰り返したときは「施設に戻れるなら」と治療を受けてきました。今、医師からは老衰により食事がとれなくなってきているということで、看取りケアについての検討が始まりました。今の本人の意向を確認することはできない上、家族もいません。どのように本人意思を尊重すべきでしょうか。

ポイント

① 　高齢者本人による意思決定を基本として、医療・ケアチームと話合いが繰り返し行われることが重要です。
② 　人生の最終段階における意思決定支援をACP（アドバンス・ケア・プランニング）のプロセスに沿って実施していきます。

回　　答

1　「人生の最終段階における医療・ケアの決定プロセスに関するガイドライン」の取組の推進

　人生の最期をどこで、どのように自分らしく迎えたいか。自分がどこで、誰と、どのように自分らしく生活していきたいと思っているかと同様に、自分の最期に関する意思を尊重した関わりが求められてい

ます。しかし、明確に自分の最期の在り方について意思を決め、それを家族や関係者等に伝えることができている人は、多くないのが現状です。一方で、高齢多死社会が進んでいく中で、在宅や施設における看取りの数は増えてきています。そのような背景の中、国は介護現場における看取りへの対応の充実を推進してきています。

　令和3年度介護報酬改定においても、「住み慣れた地域において、利用者の尊厳を保持しつつ、必要なサービスが切れ目なく提供されるような取組を推進」すべく、地域包括ケアシステムの推進の一つとして「看取りへの対応の充実」を図ることが示されました。具体的には、看取り介護に係る計画の作成や看取り介護の実施に当たり、「人生の最終段階における医療・ケアの決定プロセスに関するガイドライン」（平30・3・14医政発0314第7）（以下「ガイドライン」といいます。）等を参考にしつつ、本人の意思を尊重した医療・ケアの方針が実施できるよう、多職種が連携し、本人及びその家族と必要な情報の共有等に努めることとされています。なお、多職種連携を図るための具体的職種についても、今回の基準省令改正（令3・1・25厚労令9）において、改めて「生活相談員」及び「支援専門員」の明記が追加された介護サービス種別もあります。

　どのような境遇・環境にあっても、誰もが自分らしい最期を迎えることができるよう、社会全体で人生の最終段階における意思決定支援を考え、推進していくことがますます重要になってきています。このことを生活の場である施設でも改めて認識し、日々の医療・ケアを受ける日常生活の営みの中で、入所者本人の意向を確認する場面や、本人や家族等と話し合う機会を設けていくことを更に推進していくことが必要です。

2　変化し得る意思と繰り返し向き合う姿勢

　どのようなことに対する意思であっても、人の意思は置かれている

環境や時間等の変化により変わるものです。特に、自分の生死に関わることであれば、決めることの難しさが増すことはある意味当然のことです。もしかしたら、最後まで答えが出ず、検討し続けている途中で最期を迎えることもあるかもしれません。このように意思決定が困難であるからこそ、医療・ケアに関わる関係者や家族は、繰り返し話し合って本人の意思を確認していく関わりが重要です。

3　話合いのプロセス（＝ACP（アドバンス・ケア・プランニング））の実施

　意思決定支援のための具体的な話合いのプロセスは、「ガイドライン」における意思決定支援や方針決定の流れとして示されています。

（厚生労働省「ACP（アドバンス・ケア・プランニング）普及・啓発について（報告）」平成30年9月10日）

　本事例では、本人は元気な頃「最期はここで迎えたい」という意思を表明していました。一方で、病状の変化が生じて治療が必要なとき

には、入院加療を希望していました。現在、本人の意思は確認できず、本人の意思を推定する家族はいません。残念ながら面会等にも来るような本人のことをよく知る知人等もいないため、「医療・ケアチームが、医療・ケアの妥当性・適切性を判断して、その人にとって最善の医療・ケアを実施」する必要があります（ガイドライン解説編5頁）。意思決定支援において、例えば本人が治療を希望したときの理由について、改めて確認することも、本人の推定意思を検討する上で必要です。「施設に戻って、まだ生活できるのなら」という思いがあったのであれば、それは施設でなるべく長く生活していきたいという意思の表れであったのかもしれません。しかし、あくまでも「施設に戻る」ためであって、辛い治療や延命処置等を必要とするのであれば、施設には戻れなくなるから積極的治療は希望をしないという思いがあったのかもしれません。当時の介護・看護記録や面接記録、医師からの説明の記録等から当時の本人の意思意向、意思決定内容を把握することはできます。本人の意思が確認できる場合であっても、繰り返し話し合っていくことが重要ですから、何が本人にとって最善の方針なのか、あらゆる側面から多職種により検討していきます。

　また、このプロセスにおいて話し合った内容についても、都度文章にまとめて記録に残しておきましょう。

〔10〕　意思決定支援において成年後見人等と連携する場合

相談内容　　介護老人保健施設に入所している方は、入所前から専門職保佐人が選任されています。在宅生活の頃から親しくしているという知人の方が、複数頻回に面会に来られています。知人の方々は本人のケアに関して、様々な要望を施設に言ってきます。そのことで、保佐人に相談したところ「被保佐人のことをよく知っている人達なので、知人の方々に任せています」といいます。知人の言うとおりにしてよいのでしょうか。

ポイント

① 補助人・保佐人・成年後見人（以下「成年後見人等」といいます。）は、成年被後見人等の意思決定支援を踏まえた後見事務を適切に行うことが求められています。

② 本人による意思決定を尊重した支援を行う意思決定支援チームの編成を、施設として考える必要があります。

回　　答

1　成年後見人等が行う後見等事務への正しい理解

　成年後見人等の役割は、「本人の意思を尊重し、かつ本人の心身の状態や生活状況に配慮しながら、必要な代理行為を行うとともに、本人の財産を適正に管理していくこと」（裁判所ホームページ「裁判手続家事事件Q＆A」）です。職務の内容は、生活、療養看護（身上保護）及び財産の管理に関する事務です。これらの事務を遂行するに当たっては「身上配慮義務」（民858）に基づき、成年被後見人等本人の意思を尊重して

いく義務を負っています。

　成年後見制度は、判断能力が低下し自己決定が難しい場合に、本人の自己決定権の尊重と意思決定支援を踏まえながら、最終的には、本人の意向や価値観等を重視した最善の利益を法的に実行できる人（成年後見人等）を「人として」付ける権利擁護システムです。そして、成年後見人等が付くことにより、人権・法的権利としての本人の意思尊重と苦情申立てやサービス利用等についての平等性が確保され、その結果個人の権利を守ることにつながります。また、本人の個人資産を本人のために活用できる状態を確保でき、本人の意向や選好等に基づく生活の実現を可能にしていきます。

2　意思決定支援を踏まえた後見等事務

　成年後見人等の事務（後見等事務）を行うに当たり、同意・取消権（保佐人・成年後見人には自動的）や代理権（成年後見人については包括的、保佐人・補助人は認められた範囲）が法的に付与されます。このように、成年後見人等には法的代理権に基づき本人に代わって行う決定（代行決定）が認められていますが、代行決定が行われるに当たっては、「意思決定の中心に本人を置く」という本人中心主義を実現することが大前提です。つまり、本人への支援は、本人の自己決定権を尊重した関わりが基本ですから、本人の判断能力が低下していることを理由に、本人の意思や希望への配慮、本人のことをよく知る支援者等と接触のないまま、成年後見人等の価値観に基づき権限を行使するということは、意思決定支援を十分し尽くしたとはいい難い状況であるといえます。

　もし本事例のように、成年後見人等が成年被後見人等の意思決定支援に関与しようとしないような姿勢や行動が見られた場合は、福祉・医療・介護関係者だけではなく、本人のことをよく知る知人も含めた

意思決定支援チームを編成して、意思決定支援プロセスに基づき検討をしていくことが重要です。

　支援チームの選定や会議の招集は、誰でもできるものですが、成年被後見人等の意思決定支援を行っていくわけですから、成年後見人等が主体的に関わっていくことが望ましいとされています（意思決定支援ワーキンググループ「意思決定支援を踏まえた後見事務のガイドライン」（令和2年10月）7頁）。

　意思決定支援を尽くしても、本人の意思決定や意思確認が困難な場合や、本人により表明された意思等が本人にとって見過ごすことのできない重大な影響を生じる場合には、成年後見人等による法定代理権に基づく代行決定に移行する必要があります。しかし、そのような場合であっても成年後見人等は本人の推定意思（明確な根拠に基づき合理的に推定される本人の意思）（同ガイドライン3頁）に基づく行動を基本とします。意思推定すら難しい場合には、本人の選好・価値観等を最大限尊重した、本人にとっての最善の利益に基づく方針をとらなければならないとされています（同ガイドライン4頁）。そして、本人にとっての最善の利益に基づく代行決定は、他にとることのできる手段がない場合に限り、必要最小限度の範囲で行われなければならないとされています（同ガイドライン4頁）。

　このような意思決定支援及び代行決定の基本原則を踏まえ、本事例においてはたとえ保佐人が法定代理権を有していたとしても、被保佐人に代わって意思決定できるものではなく、同様に本人のことをよく理解しているからといって、知人が決めることができるわけではありません。本人の日常生活を支えている支援者として、保佐人も知人も含めた支援チームによる意思決定支援を行っていくよう働きかけていくことが求められます。知人に対しては、本人のことを考えての要望等であっても、意思決定支援のプロセスを踏まえて本人を支えること

の重要性を説明し、理解してもらい協力を依頼する必要があります。
保佐人には、ガイドラインで求められていることを確認してもらい、
意思決定支援の原則や必要性の共通理解を求めていくようにします。

　本人と支援チームによる話合いに向けて、本人が安心して参加でき
る環境の確保や工夫、本人が自分の考えや気持ち、意向を出しやすい
ようなコミュニケーションの方法等、日々本人のケアをしている専門
職だからこそできる提案を積極的に行うことを意識して取り組みまし
ょう。また、意思決定支援に関与する関係者の考え方は、本人に関係
している全ての人を意思決定支援チームとして捉えなければならない
ものではありません。意思決定の内容や場面等によって、適切なメン
バーは変わっていくことはあり得ます。本人にとって適切な意思決定
支援には、こうした支援者側に求められる能力も必要であることを改
めて確認しておきましょう。

〔11〕　本人が必要な医療サービスを拒否している場合

相談内容　　入所者本人は具合が悪くなっても「医者にはか
からない」と言って、医療受診を拒否しています。
施設の嘱託医による定期往診も最近は拒否するようになってきま
した。命に関わるような事態にならないか、心配です。本人の意
に反して無理やり受診させることはできませんか。

ポイント

① セルフ・ネグレクト（自己放任）の可能性について見極め、
他者による介入的な関わりの必要性を検討することが求められ
ます。
② 必要な医療やサービス等を拒否する理由を探り、日頃からの
エンパワメント・意思決定支援に基づく関わりが大切です。

回　答

1　入所者の健康管理の責務に基づく支援の必要性の検討

どのように生きて、どのように最期を迎えていくかを決めるのは本
人であり、自己決定権は尊重されます。しかし、本事例のように、客
観的に見ると心身の健康維持ができなくなってしまうような状態であ
っても、自分自身に対するケアが不足した状態や、その状態が悪化す
る環境に自ら身を置くことを本人が選択しているように見える状況に
出合ったとき、支援者としては必要なケアを放置し、本人の状態悪化
を見過ごしていることにならないかなど、本人の自己決定の尊重に対
して不安や疑問に思うことがあるかもしれません。

　明確な法的定義はありませんが、自分自身による世話を放棄・放任していることは「セルフ・ネグレクト（自己放任）」と考えられています。高齢者に対するネグレクト（他者による介護・世話の放棄・放任）は、高齢者虐待防止法で定義されていますが、「セルフ・ネグレクト」は含まれていません。

　厚生労働省の通知（平27・7・10老推発0710第2）では、「介護・医療サービスの利用を拒否するなどにより、社会から孤立し、生活行為や心身の健康維持ができなくなっている」ことを「セルフ・ネグレクト状態」と説明しています。さらに同通知では、「セルフ・ネグレクト状態にある高齢者は、認知症のほか、精神疾患・障害、アルコール関連の問題を有すると思われる者も多く、それまでの生活歴や疾病・障害の理由から、『支援してほしくない』『困っていない』など、市町村や地域包括支援センター等の関与を拒否することもあるので、支援には困難が伴うが、生命・身体に重大な危険が生じるおそれや、ひいては孤立死に至るリスクも抱えています」と整理されています。

　施設入所者の場合は、介護サービスの提供や生活支援を受ける契約に基づいて生活をされているため、セルフ・ネグレクト状態にある高齢者として想像することは難しいかもしれません。しかし、本事例のように、医療サービス等の利用を拒否することで、そのままでは生活行為や心身の健康維持ができなくなってしまうなど、客観的に見ると本人の人権が侵害されているような状態に陥る可能性がある場合は、セルフ・ネグレクト状態にある高齢者に求められる関わりと同様に、本人の権利を擁護するための支援の必要性を見極めていくことが必要でしょう。

　例えば、介護老人福祉施設の場合は、基準省令において、入所者の「健康管理」が医師及び看護師の業務であることが明確化されていますので（介護老人福祉施設運営基準18等）、入居者の心身の健康維持ができ

なくなることを見過ごすことはできないという責務があるともいえるかもしれません。その責務に基づき、たとえ本人の拒否があった場合でも、生活行為や心身の健康維持が図られるように支援する必要を検討することはできるでしょう。その検討においては、これまでの健康管理の経過やケアを通して把握している心身の状況に関して、どのように本人に病状や必要なケア・医療等に関する説明をしてきたか。また本人の理解の程度や支援者と共に検討してきた結果、本人が選択し決定してきた治療方針等によっては、自己決定や意思の尊重度合いも変わってくることは考えられます。

　また、病状等の急変時は、救急搬送義務や緊急事務管理等の法的根拠に基づく、緊急対応の判断を検討する場合もあるでしょう。

2　エンパワメントの視点と意思決定支援

　本人が医療受診を拒んだり、治療を希望しない場合であっても、それは本人が「死んでもよい」と思っているとは限りません。受診や治療を拒否する理由は様々です。本人の自己決定を尊重するためにも、この「拒否する理由」を丁寧に聞いていくことが必要です。

　判断能力の低下により、自分自身の置かれた状況を十分に理解することができない場合や、痛みや苦痛もさほどなく、また自覚することもできないような場合は、そもそも治療の必要性を理解していないこともあるかもしれません。さらに、必要な治療がどのようなものなのかのイメージが持てず、漠然とした不安や恐怖心から自己防衛的反応として、拒否する言動をしているかもしれません。必ずしも表出された言葉が、本人の意思であるとはいいにくいことも想定されます。

　拒否する理由が、しっかりと納得できる理由ではない場合、本人に対して、今後想定される病状のことや、必要な治療の具体的内容や治療期間、副作用や費用等を分かりやすく説明して、必要な情報提供を

丁寧に行うことが重要です。説明する環境（場所や一緒に話を聞く人等）も、その人にとって安心できる状況を整えます。

　判断能力に問題がない場合であっても、経済的負担への心配や気兼ね、病気に対する絶望感や恐怖心による生活意欲の低下や諦めにより、治療等を拒否する場合もあります。そのような場合は、本人の意思決定を阻害する要因（不安や心配事等）をできるだけ取り除き、意思決定の場面や環境に「安心」「快」を増やせるような働きかけが大切です。

　本来提供すべきケアや必要な支援等を、利用者本人により拒否をされてしまうことで、計画どおりにサービス提供ができないような状態が生じた場合、関わりを拒否する利用者を「困った人」と捉えてしまうことがあるかもしれません。しかし、拒否をされて困っているのは支援者側であり、本人ではありません。「拒否をする困った人」ではなく、「拒否をすることでしか自らの意思を表出することができない人」として捉え直すことが必要です。そして、意思決定支援を通して、「拒否」以外の形で意思を伝えることができるようになることや、他の選択肢を選ぶことができるようになるなど、本人の意思決定の過程が少しずつ変わっていくことができるような関わりを大切にしていきましょう。

弁護士のアドバイス	緊急事務管理、施設の救急搬送義務の考え方

　本人には自己決定権があり、他人に迷惑を掛けない限り、自由に生き方を選択することができます。しかし、一方で「セルフ・ネグレクト」（自己放任）と呼ばれる場合には、その自己決定権自体をどこまで尊重すべきかという問題も生じ得ます。セルフ・ネグレクトの場合、本人が必要な食事をとらず医療を拒否し不衛生

な環境で生活を続け家族や周囲から孤立し孤独死に至る場合が見受けられます。このような生命体としての生命喪失や身体損傷の危機が間近に迫った極限的な状況を目の前にして「自己決定だから」といって放置してもよいのでしょうか。セルフ・ネグレクトに陥った状況には様々な要因があると思われますが、本人が入所ないし一時的に滞在している施設側には、本人の生命身体の安全を確保することが強く要請される場合もあります。例えば、本人の体調が急変した場合、本人の従前の意思に関係なく緊急事務管理（民698）として本人を病院に搬送することがあります。また、高齢者本人の体調は刻々と変化し得ることから、本人の意思とは無関係に介護職ないし介護事業者・施設に救急車を要請すべきか否かの「判断」（救急搬送義務の履行の決断）を求められる場合もあります。ただ、誤嚥事故のように救命救急措置が必要とされるべきことが一見明白な場合は別として、搬送が必要か否かについて求められる判断の水準は医療機関ほど高度なものではありません。

　結局、本人や家族の従前の意向を尊重しつつ、生命は一つである動かし難い事実を前に、施設として緊急対応をするか否かの判断をすることになるでしょう。

〔12〕　会議等での情報共有のために利用者の個人情報を関係機関へ提供する場合

相談内容　　地域包括支援センターから、デイサービスの利用者に関する情報提供の依頼がありました。利用者本人の心身に関する情報や利用中の様子などだけではなく、利用者と同居している家族のことについても聞かれています。高齢者虐待に関する関係機関とのケース会議への参加も依頼されています。会議の場で情報共有等を行うとのことです。個人情報を関係機関と共有する際、留意する点はありますか。

ポイント

① 　居宅サービス等事業運営基準に基づく、サービス利用契約における個人情報使用に関する同意の範囲内であるかを確認します。

② 　個人情報の使用に当たっては、本人の同意を得ることが基本ですが、「第三者への提供」や「目的外の利用」に関する個人情報保護法の例外規定に該当する場合があります。

回　　答

1　サービス利用契約における個人情報の使用に関する包括的同意による利用

　介護サービスの提供に係る個人情報の扱いについては、介護保険法及び居宅サービス等事業運営基準、個人情報保護法等により、適正な管理が求められています（介保74③三等、居宅サービス等事業運営基準33等、個人情報3）。

　利用者にとって必要なサービス及び利用者支援を適切かつ効果的に実施・提供するためには、利用者に関わるケアマネジャーやその他のサービス事業者、医療機関等の関係機関等との連携が重要です。そのためには、利用者に関する個人情報を必要に応じて共有することが必要になります。また、サービス提供においては、利用者本人だけではなく家族に関する個人情報を共有する場合もあるため、サービス利用契約時に利用者及び家族からそれぞれの個人情報の使用に関する包括的同意を得ておく必要があります（「指定居宅サービス等及び指定介護予防サービス等に関する基準について」（平11・9・17老企25）第3－3(25)）。

　包括的同意を得る具体的な方法としては、「個人情報使用同意書」を契約開始時に交わすことなどが考えられますが、その際「必要最小限の範囲内」などの使用条件や使用目的を明示し、使用する個人情報の内容を例示することなどが必要となります。使用目的としては、居宅サービス等事業運営基準にもあるように、サービス担当者会議等での他のサービス事業者等との情報の共有や連携、介護保険法に関する法令等に基づき行う居宅サービス・利用者支援の適切な実施などが想定されている場合が多いと思われます。そのほか、緊急時等の利用者の生命やその他利用者の権利・利益を保護するためなどの目的についても、明示しておくことも有効です。なお、利用目的をできる限り特定の範囲にする必要があるため、情報の共有や連携先についても、通常の業務範囲で想定されるケアマネジャーや他の介護サービス事業所、主治医等だけではなく、緊急時の連絡先として想定される市町村や地域包括支援センターについても明示することも検討しましょう。

　あらかじめこのような包括的同意を得ておくことで、本人の同意を得ることが難しい場合であっても、その利用目的の範囲内と考えられる場合は、事業所が保有している利用者に関する情報を他のサービス事業所や関係機関等と共有することは問題がありません。しかし、同

意を得られている利用目的外に該当する場合には、別途本人及び家族のそれぞれの個人情報に関する使用の同意を得る必要があります。

2　個人情報保護法における目的外利用及び第三者への提供の例外規定に該当するかの確認

　本事例のように、地域包括支援センターが行う高齢者虐待防止法に基づく対応へ協力する場合には、本人の同意を得ることが難しいことも想定されます。一方で、高齢者虐待事例への対応には、市町村及び地域包括支援センターや他の関係機関と連携することが重要です。そのため、高齢者虐待事例において、高齢者本人の生命、身体、財産の保護のために必要である場合は、個人情報保護法16条3項2号及び23条1項2号の「人の生命、身体又は財産の保護のために必要がある場合」に該当するものとして、高齢者本人の同意が得られなくても、関係機関に情報提供を行うことが可能となっています（厚生労働省個人情報保護委員会事務局「『医療・介護関係事業者における個人情報の適切な取扱いのためのガイダンス』に関するＱ＆Ａ（事例集）」各論Ｑ4-16（平成29年5月30日））。

　同様に、市町村及び地域包括支援センターが行う高齢者虐待に係る事実確認等は、高齢者虐待防止法9条1項に基づくものであるため、個人情報保護法16条3項1号及び23条1項1号の「法令に基づく場合」に該当すると考えられます。さらに、市町村又は委託を受けた地域包括支援センターが高齢者虐待防止法の定める事務（事実確認（高齢虐待9①））を遂行することに対して協力する必要がある（高齢虐待5②）ことから、個人情報保護法16条3項4号及び23条1項4号に該当するとも考えられています（厚労省マニュアル42・43頁）。

　このように、高齢者虐待防止法に基づき地域包括支援センターが行う事実確認調査への協力における情報提供は、個人情報保護法の例外規定に該当すると考えられます。本人の同意を得ずに第三者へ提供は

できますが、一律に第三者へ提供することが認められているわけではない点に留意しておきましょう。

　提供する情報は、その性質から共有する相手によっては、不要な情報が含まれる場合もあります。利用者にとって必要な支援を行うために関係機関が共有する目的と必要性を考え、複数の関係機関が集まる会議の場での共有が適切なのか、それとも市町村や地域包括支援センター等の高齢者虐待対応の責任のある機関の間だけで共有しておくべき情報なのか、情報照会を求めている依頼者（本事例では地域包括支援センター）への相談を含め、事前に検討をしておくことが大切です。

　事業所においては、安全管理措置が義務付けられていますが、担当する職員によって対応が異なることがないように、事業所において個人情報の取扱いについての規程等を定め、全ての職員に周知され、正しく扱うことができるようにしておくことは大切です。

　法の定め以上に個人情報の提供を控えたりするなど、いわゆる「過剰反応」を示すことは避けつつ、利用者の権利・利益を守るために必要な対応が図れるように、個人情報保護法の適切な解釈及び運用ができるように対応しましょう。

弁護士のアドバイス　個人情報保護法（17条「要配慮個人情報」）

　個人情報保護法は、「個人情報の適正かつ効果的な活用が新たな産業の創出並びに活力ある経済社会及び豊かな国民生活の実現に資するものであることその他の個人情報の有用性に配慮しつつ、個人の権利利益を保護することを目的」としています（個人情報1）。そのため、個人情報保護法では、個人情報の保護を目的としつつ、個人情報の適切かつ効果的な「利用」をも法の目的に含

めています。まず、個人情報保護法が「個人情報の保護」を絶対視しているわけではないことには注意が必要です。確かに、個人の尊重（憲13）のためにはその個人の情報をむやみに利用することは控えなければなりません。しかし、一方でいきすぎた個人情報の保護は、高齢者虐待の早期発見を困難にし、高齢者自身の個人の尊厳を傷つけることにもつながりかねません。個人情報保護法は、個人情報の取得、第三者への提供については個人情報取扱事業者に対し利用目的による制限や適切な安全管理措置などを義務付ける一方で、①本人の同意がある場合や、②本人の同意がなくても個人情報の保護の要請よりも優先されるべき特別の事情がある場合（個人情報16③・17②・23①）については個人情報の取得や第三者への提供を認めています。ただし、「要配慮個人情報」（個人情報2③）については、本人の同意がない場合には第三者へ提供できませんので留意しなければなりません（個人情報23②）。

第 3 章

医療機関との連携に関する相談

〔13〕　身元保証人等や医療同意者がいないことを理由に入院を断られた場合

相談内容

　　　唯一の親族が急逝し、成年後見制度申立ての検討中です。そのような中、本人が急変し入院が必要な状態になりました。本人は入院をして治療を受けることを希望しています。しかし、病院からは身元保証人等や医療同意者がいないのであれば受入れはできないと言われてしまいました。生活相談員として署名をすることは可能ですか。

ポイント

① 　身元保証人等がいないことのみを理由に、入院を断ることはできません。
② 　身寄りがない人（家族や親類がいても連絡が取れない状況にある人、家族の支援が得られない人を含みます。）の入院や治療に関して、医療・ケアチームとの連携により必要なサービス提供の体制を作り、対応します。
③ 　医療行為の同意は、本人の一身専属上の権利であるため、本人以外の第三者に同意の権限はないものと考えられています。

回　　答

1　身元保証人等がいないことのみを理由とした入院拒否は医師法違反

　本人の判断能力の有無にかかわらず、医療機関がいわゆる身寄りのない患者を受け入れる際、「身元保証人等」を求める傾向があります。

　医療機関が「身元保証人等」に求める機能・役割としては、緊急連絡先や入院計画書に関する入院契約に必要な内容や、入院中の必要な物品の用意など、患者の入院生活上必要な環境の整備に関すること、入院費の支払や退院支援、さらに患者が死亡した際の遺体や遺留品の引き取り及び葬儀等に関することと考えられています（「身寄りがない人の入院及び医療に係る意思決定が困難な人への支援に関するガイドライン」（令元・6・3医政総発0603第1）6頁）。

　いずれも医療機関においては、入院患者を受け入れる際に患者へ求める内容です。入院においては、患者に意識がない（今後亡くなる可能性もある）場合や、疾病・障害により判断能力が不十分な場合など、患者本人に意思を確認すること、入院契約に必要な行為を患者本人が行うことが困難な状況が発生することは、ある意味避けられないことでしょう。そうした状況から、適切な治療・医療ケアの提供を行うため、患者本人だけではなく、本人に代わる第三者に緊急連絡先や金銭管理などの機能や役割を求める傾向があります。さらに、そうした機能や役割を担うことができる人がいない場合に、入院を拒否するような事例が発生していることが明らかになっています。

　しかし、入院による加療が必要であるにもかかわらず、身元保証人等がいないことのみを理由に、入院を拒否することは、医師法19条1項における「診療に従事する医師は、診察治療の求めがあった場合には、正当な事由がなければ、これを拒んではならない」と規定されていることに抵触するとされています。

　診療を拒否できる正当な理由については、「医師の不在又は病気等により事実上診療が不可能な場合に限られる」と厚生労働省は説明をしています（「身元保証人等がいないことのみを理由に医療機関において入院を拒否することについて」平30・4・27医政医発0427第2）。

2　本人を支える支援チームで入院時に必要な支援を分担

　本事例のように、入院加療が必要とされている場合に、身元保証人等がいないことを理由に断られるような場合は、厚生労働省から発出されている通知内容を医療機関に確認を求めましょう。そして、本人の自己決定を尊重した支援を原則として、介護サービス関係者・医療機関、成年後見制度申立支援に関わる機関等が役割を分担したチーム支援の展開を考えていきます。

　必要な支援の内容や関わり方、対応策は、本人の判断能力の有無により異なります。例えば入院契約において、判断能力がある場合は、本人に分かりやすく説明をして、本人が契約する。判断能力が不十分で成年後見制度を利用している場合は、成年後見人等が本人の意向を確認した上で、代理で契約をする。判断能力が不十分で成年後見制度の利用がない場合は、必要に応じて日常生活自立支援事業（在宅の場合）や成年後見制度の利用を検討するなどの対応が考えられるでしょう。

　本事例の場合は、判断能力が十分とはいい難く、成年後見人等が選任されていない状況です。しかし、治療を受けることや入院をすることは理解をしており、何も分からない状況ではありません。まずは、本人に分かりやすく説明をして、理解ができることや難しいことを確認しつつ、医療機関と相談をしていきます。その際、緊急連絡先や金銭管理方法、入院計画に関することなどについても本人の意向を確認し、対応方法を検討していきます。特に、入院診療についての説明を医師から受ける際、本人の意向を確認した上で、生活相談員が同席し、情報提供を行うこともあるでしょう。併せて、成年後見制度の申立支援については、地域包括支援センターや市町村、成年後見制度の中核機関等へ相談し、連携をしながら行っていきます。

　このように、家族等の身寄りがない場合の入院に関して、医療機関から関係者に対して本人や家族に代わり入院契約に関する署名を求められた場合は、生活相談員等が署名を代行するのではなく、本人に必

要なサポート体制を医療機関と連携して作っていくことで対応をしていきます。

3　医療行為の同意は、本人のみが有する一身専属性が極めて強い権利

　医療機関が「身元保証人等」に求める機能や役割として、医療行為の同意について期待する事例もありますが、医療行為の同意については、本人の一身専属性が極めて強いものであり、第三者に同意の権限はないものと考えられています。本人以外の第三者の決定・同意について、法令等で規定されているものがないため、「人生の最終段階における医療・ケアの決定プロセスに関するガイドライン」（平30・3・14医政発0314第7）等の各種ガイドラインに基づき、個別に判断されている現状があります。

　また、成年後見人等においても、医療に係る意思決定・同意ができると定められた規定はなく、成年後見人等の業務には含まれません。

　まずは、本人の判断能力の程度にかかわらず、医師等から適切な情報提供と治療に必要な説明がされ、本人の意思決定の尊重を原則に適切な医療提供が行われることが重要です（医療法1条の4第2項において、医師は適切な説明を行い、医療を受ける者の理解を得るように努めなければならないと規定されています。）。そして、この医療に関する意思決定については、医療機関の医療職だけではなく、成年後見人等や生活相談員、ケアマネジャーやホームヘルパー等の介護サービス提供者など本人に関わる人が、本人を中心に繰り返し丁寧に話合いを行っていくことが必要とされていることを前提に、それぞれの役割を果たしていきましょう。

　医療に関する意思決定場面は、看取りケアにおけるものだけではなく、予測できない急変時など、いつ・誰に起きてもおかしくありません。本人の判断能力の有無や家族等身寄りの有無にかかわらず、事前

に本人や家族等の意向を確認しておくことが、いざ意思決定が求められた際に、本人の意思尊重かつ必要な支援が円滑に行えることにつながります。

　全国的に示されている各種意思決定支援に関するガイドラインのほかに、市町村単位でより地域の特性を踏まえ、関係機関が連携して作成しているガイドラインも出てきています。まずは、ご自分の地域の身寄りのない方への支援の体制や実際に連携することをイメージして、日頃から連携・協力体制を確認しておきましょう。

弁護士の アドバイス	医療同意

　成年の判断能力が不十分な者に対する医療同意権については、十分な立法措置がありません。それは、どのような医療（治療行為）を受けるかという問題は、個人の尊厳や人生観や倫理観に直結し、正にどのように生きるかという代替性のない本人しか成し得ない選択の問題であるからだと思います。また、仮に親族等の一定の身分関係の者に「医療同意権」を認めてしまうと、医療同意をする家族の範囲はどこまでか、家族間に意見の対立がある場合にはどうするのか、本人の命の選択を他人に委ねることの弊害発生などの新たな問題が発生してしまいます。一方で、同意が困難であり身寄りもない成人が、必要な医療（治療行為）を受けられないというのも問題です。そこで、医療同意権については、同意権の有無・所在や内容という点に拘泥することなく、本人に関わる全ての人が本人への意思決定支援を通じて本人の推定的意思の確認や本人らしい生き方への不断の考察を通じて本人にとっての最も適切な医療行為とは何かを寄り添いながら検討していくしかないように思われます。

〔14〕　サービス提供中に救急対応を行う場合

| 相談内容 |

　デイサービスで利用者が突然意識を失い、倒れました。状況を確認した看護職がかかりつけ医へ連絡し、相談をしました。その結果、救急要請をした方がよいとの判断があり、消防へ救急要請を行いました。この利用者は独居で、緊急連絡先の高齢の実妹は、先日入院したと本人から聞いています。この後、家族への連絡や救急車への同乗など、どのような対応をすればよいですか。

ポイント

① 　事業所における救急対応時のマニュアルを作成しておきましょう。緊急時の対応は、指揮命令体制を明確にし、看護職等の医療職以外の職員であっても、緊急時の対応の流れに沿って対応ができるようにしておくことが重要です。

② 　緊急連絡先への連絡・報告については、連絡が取れない場合の対応を含め、サービス利用契約の際など、事前に話し合っておくことが必要です。

③ 　救急搬送をする際、救急隊員から蘇生処置に関する意思表示の有無を確認される場合があります。あらかじめ、看取りや人生の最終段階の医療処置に関する意向を確認しておくことが大切です。

回　答

1　事業所内での救急対応マニュアルの作成や見直しの検討

　事業所内に、緊急時の救急対応マニュアルがない、又は作成がされて

いても使われていないような場合は、作成や見直しが必要です。めった
に起きないことであるため、なかなか見直しをする機会がないことも
想定されますし、とりあえず救急要請を行えばよいと考え、救急要請
を行うための対応について、細かく決めていない場合も考えられます。
しかし、生命に関わる緊急時の対応だからこそ、事態が生じたときに、
利用者はもちろん対応する職員も安心して適切な対応ができるように
備えておくことは、事業所のリスクマネジメントとしても重要です。

　救急対応におけるマニュアルの作成については、都道府県等におい
て作成のためのガイドラインや救急要請に関するガイドラインが消防
所管から出ている場合があります。救急要請に関する基本的な考え方
の例示を見ることができるので、公的機関から発出されているガイド
ラインを参考に、事業所における対応マニュアルの作成や見直しを図
ることも有効な方法です。

2　救急要請が必要な場合の基本的な「報・連・相」の考え方

　サービス提供中に、利用者が急変した場合、明らかに緊急性がある
と判断される場合は、迷わず119番通報（救急要請）をすると思われま
すが、それ以外の場合については、生じている急変が予測できていた
状態なのか確認します。

　緊急度の判断はかかりつけ医に相談することが基本ですが、かかり
つけ医に連絡が取れない場合などは、現場での判断が求められます。
そのため、あらかじめ利用者ごとの予想される状態変化時の対応につ
いて、本人の同意を得てかかりつけ医と相談し「予想される症状・具
体的な対応方法・対応の範囲等」について決めておく対応は大切です。
日頃から、かかりつけ医や協力医療機関との連携体制を構築しておく
ことは、迅速かつ適切な急変時の対応につながることを意識しましょ
う。

　「予測に基づくかかりつけ医の指示」がある場合は、その指示どおりの対応を行うことができます。予測できない状態や「予測に基づくかかりつけ医による指示」がない場合は、かかりつけ医へ連絡をして指示を受けることになります。しかし、かかりつけ医と連絡が取れない場合もありますから、その場合は、119番通報による救急要請や救急要請に迷う場合は、＃7119（実施していない都道府県や一部実施などもあります。）などの全国の救急相談センターや相談機関など、各都道府県で整備されている救急医療情報システムを活用した相談も検討します。

　生活相談員として、サービス利用契約時はもちろん、サービス担当者会議等の場を活用して、利用者や家族、ケアマネジャー等の支援チームにおいて、緊急事態が生じた場合の対応（家族への連絡、搬送先医療機関の選定や介護サービス事業所が把握している介護・医療に係る情報提供の取扱い等）の確認、蘇生処置にかかる意向確認等を話し合うようにすることは大切です。そして、その確認した情報を事業所内で共有します。情報を共有する場合、誰が見ても分かりやすいように、利用者の個別記録の中でもすぐに取り出せるように専用の情報シートを作成するなどの工夫も考えましょう。

3　救急搬送時に必要な情報の適切な伝達

　高齢者の住まいが多様化されてきている中で、高齢者施設や住まいからの救急要請の数は増加しています。また、高齢者施設等からの救急要請は緊急性が高い案件も多く、より迅速な対応が求められる状況があります。一方で、搬送時に必要な情報が不足しているために、受入れ医療機関の選定に時間を要し、搬送先の医療機関まで時間を要してしまうような現状もあります。

　こうした事態を避けるためにも、救急要請を行う場合に救急隊員から求められる情報については、前述のとおり、かかりつけ医や協力医

療機関、最寄りの消防署にも相談をして準備しておくことが求められます。そして、その情報はできるだけ最新である必要があるため、定期的に情報を更新することが重要です。更新頻度を決めておくことや、ケアマネジャーが行うケアプランのモニタリングの時に確認するなど、進行管理をしておくことが必要です。

　救急要請に係る情報の伝達は、119番通報の時から始まります。利用者の個人情報について提供するため、原則本人の同意が必要です。しかし、急変時であり救急要請を行う状況を考えると、意識消失などにより、本人へ説明や同意を得る関わりができない場合は想定されます。このような場合においては、個人情報保護法の例外規定の一つである「人の生命、身体又は財産の保護のために必要がある場合であって、本人の同意を得ることが困難であるとき」（個人情報23①二）に該当するため、第三者へ提供することは可能です。しかし、そうした事態に備え、あらかじめ本人に同意を得る手続をしておくようにしましょう。

　情報を伝える場としては、救急隊が到着し通報内容に加えてより詳しい状況（本人の病歴や服薬情報、容態が急変する前の状態や急変のきっかけ、かかりつけ医への連絡や指示、応急手当の状況等）を伝えます。その情報は、救急隊員から搬送先の医療機関にも伝達する必要がありますので、状況が分かる職員の救急車への同乗は原則求められると考えておくとよいでしょう。一方、現場では職員配置等により本人に付添い同乗ができない場合もありますから、そのような場合には、救急隊員に必要な情報提供を行い、その後も救急隊や搬送先医療機関と連絡を取り合える体制を整えておくことが必要です。

　また、必要な情報提供に当たっては、一般的に介護記録や看護記録、お薬手帳（写し）や保険証等の持参を依頼されることがありますので、持参する物品等についてもあらかじめ検討をしておくとよいでしょう。

　そのほか、救急隊員から蘇生処置の意思表示の有無について確認される場合もあります。救急隊員は、救急要請がなされた状況において、救命に全力を尽くすことが義務とされています（救急隊員及び准救急隊員の行う応急処置等の基準3)。そのため、終末期の心肺蘇生について本人や家族が希望していない場合であっても、救急要請がなされた場合においては、心肺蘇生その他の医療行為を行いながら医療機関に搬送することが原則とされています。本人や家族が望まない最期を迎えることにならないためにも、特に終末期医療の場合の急変時への対応については、居宅サービス事業所においても、本人及び家族やかかりつけ医と十分話し合っておきましょう。

第 4 章

利用者・家族からの苦情等
への対応に関する相談

〔15〕　「現金持込み禁止」に伴う苦情があった場合

相談内容　　ショートステイの利用に当たり、原則として現金の持込みを禁止し、保管もしないことになっています。しかし、ある利用者は現金3万円を持ち込み、現金の入った鞄を預かることになりました。利用者が帰宅後「1万円がない」と現金紛失の苦情がありました。そもそも、現金の持込みを禁止し保管もしないことになっているため、施設では本当に3万円が入っていたのかなど確認はしていませんでした。施設にはどのような対応が求められますか。

ポイント

① 　やむを得ず預かる場合の施設としての規程を設けておくことが必要です。サービス利用時の利用者の現金や貴重品の取扱いについて、「重要事項説明書」へ明記しておくことを検討します。
② 　預かった場合、事業所には保管に関する義務が発生します。

回　答

1　現金や貴重品の預かりに関する管理システムの構築

　介護サービス利用中の現金や貴重品の紛失トラブル防止や事業所のリスクマネジメントとして、利用に当たり高額な現金や高価な貴重品の持込みを原則禁止している事業者は多く見られます。

　しかし、自分の持ち物について「いつも肌身離さず持っておきたい」「持っていないと落ち着かない」「家に置いておくのが不安」など様々な思いを持っていることは不思議なことではありません。他者に不快

感や危害を与えるものや、衛生上問題があるものなどの社会通念上問題となる可能性のあるもの（刃物や薬物、危険物や生き物等）は避けるべきですが、高齢者の精神的安定のため、利用に当たりどうしても持参する場合はあるでしょう。所有物の管理は、自己の責任の下で行われるのが基本ですが、高齢者は年齢とともに、認知機能の低下により記憶力・判断能力・管理能力が低下することは避けられません。そのため、事業所・施設では、やむを得ず現金や貴重品等を預かる場合の、管理システムの体制を構築する必要があります。

　具体的には、利用者が持ち込む現金や貴重品の記録（複数体制での目視と本人への確認と記録）、預り証の交付、保管場所（施錠が可能）、返却時の目視確認と記録等、責任ある管理体制が求められます。また、利用者に対してもあらかじめ説明し、理解を得ておく必要があるため、「重要事項説明書」にサービス利用時の現金や貴重品等の扱いについて明記しておくことなどが求められるでしょう。

2　保管についての注意義務の発生

　「事業所・施設の利用規程として『現金や貴重品は預からない』としているため、特段預かる場合のルールを設けていない。だから、利用者が持ち込んだものの確認や預り証等の交付も事業所の義務ではない。」と考えることもあるかもしれません。しかし、そのような中でも預かった場合は、保管に関して注意義務が生じます（商595、民400・659）。その義務を果たすための責任は発生しますので、やむを得ず預かり保管する場合に適切な管理が実施できるようにする必要があります。

　本事例では、あらかじめ「現金や貴重品の持込みは禁止」としていましたが、本人から「3万円入っている」と申出があり預かっています。そして、帰宅後に「1万円がない」と報告がありましたが、預かった際に誰も中身を確認していないため、そもそも3万円を預かっていたの

か定かではありません。また、事業所側は「3万円を預かった認識はない」と主張ができるかもしれません。しかし、利用者の申出内容は聞いていますから、金額は不確かであっても「現金の入った鞄」を預かっている認識を完全に否定することは難しいでしょう。預かった理由がやむを得ない場合であっても、トラブルを防止するためにも、預かる際と返却の際の現物確認（複数の職員と利用者本人と一緒に行うことが望ましいです。）、具体的な預かり内容を記載した預り証の交付、人の目に触れない場所での保管などの対応は必要でしょう。また、預かり・保管に関しては組織的な対応が必要ですから、複数の目で複数回確認していることが示せるようなチェック体制をとることも大切です。万が一紛失の苦情があっても、施設内で適正かつ適切な保管管理が行えていることや注意義務を果たしていたことを証明できることで、事業所が負う責任の重さも変わってきます。

　本事例の苦情への対応は、紛失がいつ発生したのかについての確証は得られないため、一概に事業者に損害賠償責任があるとはいい難いと思われます。しかし、適切な預かり対応であり、注意義務も十分果たせていたとは言い切れない点があります。今後は、責任ある対応をとるための管理システムの見直しを行い、体制を整備していくことが求められるでしょう。

弁護士の アドバイス	施設等で「原則現金持込み禁止」とする場合の留意点（「一切の責任は負いません」と言い切れるのか）

　現金の保管に関する責任については、商法上のもの（商595）と民法上のもの（民400・659）のものがあります。

　施設は、経営母体が株式会社等の法人である場合、商人（商4）

に該当すると考えられ、商法595条が適用されます。商法595条は、「商人がその営業の範囲内において寄託を受けた場合には、報酬を受けないときであっても、善良な管理者の注意をもって、寄託物を保管しなければならない。」と定め、無報酬でも善管注意義務を負担することになっています。「善管注意義務」とは、「債務者の属する階層・地位・職業などにおいて一般に要求されるだけの注意」を意味します。この注意義務は客観的に定まるものです。

　また、施設が「商人」に該当しなくても民法上の寄託（民659）には該当しますので、受寄者（預かった施設側）は「自己の財産に対するのと同一の注意」（無報酬の寄託）か「善管注意義務」（有償の寄託）のいずれかのレベルの保管義務を負います。「自己の財産に対するのと同一の注意」義務とは、「自己のためにするのと同一の注意」（民827）と同じで、その人の注意能力を標準としてその人が普通に用いる注意の程度の義務をいいます。

　いずれにしても、無報酬で利用者の私物を預かった場合であっても、預かった私物の保管について全く責任（保管義務）が生じないということはありません。

　また、施設側が「保管品については一切の責任は負いません」と言っても、ショートステイを提供する施設は場屋営業者（商596）（場屋営業の意味について、学説は、「不特定多数の人の来集に適する設備が設けられ、そこで客の需要に応じて　様々な契約の履行がなされる取引」と解しています（岩崎憲次「場屋取引」今井薫ほか編『現代商法1　総則・商行為法』408頁（三省堂、1986）、梅津昭彦「客の持込品についての場屋営業者の責任」『東北学院大学論集』25頁（2002）等）。）に該当すると考える余地もあります。このような場合、施設側が「保管品については一切の責任は負いません」と掲示しても、「客が場屋の中に携帯した物品につき責任を負わない旨を表示したと

きであっても、場屋営業者は、前二項の責任を免れることができ
ない。」（商596③）が適用され、寄託していない利用者の所持品が
滅失などした場合には損害賠償責任を負わされるリスクもありま
す。

〔16〕　利用者からハラスメントを受けた場合

> 相談内容　　デイサービスを利用している男性高齢者は、サービス提供時に女性職員に不必要な身体の接触（手を握るなど）があります。二人だけの状況になると抱きしめるなどの行為も見られます。職員は利用者に止めるようお願いをすると、態度を一変させ「○○さんはそんなことを言わないのに、あなたは利用者を拒否するのか！」と大きな声で怒鳴るそうです。これは利用者からのハラスメントに該当するのでしょうか。

ポイント

① 　利用者からの職員に対するハラスメントに該当する行為として、介護現場における権利侵害として捉える必要があります。
② 　事業者は、職員に対して安全配慮義務があるため、利用者や家族等からハラスメントを受けた場合、その責務として対応する必要があります。

回　　答

1　ハラスメントは、利用者や職員の権利を侵害する行為と認識

　本事例のように、「必要もなく手などを触る」行為や「抱きしめる」、また他者を引き合いに出して「行為を強要させよう」としたり、「大声を発する」ことは、ハラスメントに該当すると考えられます。一般的にハラスメントとは、相手の意に反する行為によって不快にさせたり、相手の人間としての尊厳を傷つけたり、脅したりするようなことであり、いわば「いじめ」「嫌がらせ」に相当する行為とされています。介護現場におけるハラスメントの明確な定義はありませんが、「介護現

場におけるハラスメント対策マニュアル」（平成31年3月）では、ハラスメントの定義を「身体的暴力（身体的な力を使って危害を及ぼす行為。職員が回避したため危害を免れたケースを含む。）」「精神的暴力（個人の尊厳や人格を言葉や態度によって傷つけたり、おとしめたりする行為）」「セクシュアルハラスメント（意に添わない性的誘いかけ、好意的態度の要求等、性的な嫌がらせ行為）」と整理しています。

　サービス利用者と提供者という関係の中において、また介護という利用者の生命・健康・生活に欠くことができない対人サービスの特性から、安易にサービスを中止することができないという背景もあり、ハラスメントを受けた職員が我慢をしたり、利用者の行為を不当なことと思ってはいけないのではないかなど、誤った認識の下で問題を表面化せずに当該職員が抱え込んでいることも少なくありません。ハラスメントは職員への影響だけではなく、利用者に対しても必要なサービスを継続的に提供することが難しくなるなど、サービス利用の支障になるリスクがあります。

　まずは、介護現場におけるハラスメントに対する正しい知識を職員一人一人が持つことが必要です。そして、職員が受けている権利侵害を防止するために、法人として職員が声を上げやすい職場環境を整備することが必要です。生活相談員としては、利用者に対する権利擁護の視点から、利用者間でのハラスメントを防止し、利用者に対する安定したサービスの提供を行うために必要なことを、事業所・施設へ働きかけていく等の職務を考えて行動しましょう。

　なお、認知症のBPSD（行動・心理症状）による暴力や暴言等の疾病に起因する行為については、行為そのものはハラスメントに含まれるという考え方もありますが、対応としては基本的なケアの見直し、認知症医療等の医学的視点からの見直しや治療の検討等、疾患や疾患に起因する症状への対応をまずは適切に行うことが重要です。これらの

対応が不十分な場合、職員による利用者への虐待の発生リスクを高めます。権利侵害の連鎖・悪循環が生じないようにするためにも、まずは基本的ケアの見直しを図りましょう。

2　事業者による職員の健康と安全に配慮した職場環境の確保

　通所系サービス事業所や入所系サービス事業所においては、他の利用者が被害者にならないように、サービス提供中の防止策を講じていく必要があります。直接利用者に対するハラスメントがなかったとしても、職員に対するハラスメントを見聞きすることにより、間接的な精神的苦痛等を受ける状況にならないようにする必要もあります。

　ハラスメントが起きているにもかかわらず、何ら対策や対応が講じられていないような状況では、利用者からの苦情や事業所の変更希望等が発生することは避けられません。そして、それは事業者に対する信用を失うことにもつながります。職員が利用者の権利を守るためには、職員自身の権利が守られる環境が必要です。まずは、事業者は職場におけるハラスメント同様、利用者や家族等からのハラスメントに対しても、職員が健康で安全に働けるように配慮する義務（「安全配慮義務」）（労働契約法5）を負っているという視点から、組織的な対策を講じることが重要です。なお、「指定居宅サービス等の事業の人員、設備及び運営に関する基準等の一部を改正する省令」（令和3年厚生労働省令第9号）により、全ての介護サービス事業者に対して、男女雇用機会均等法等におけるハラスメント対策に関する事業者の責務を踏まえつつ、適切な介護サービスの提供を確保する観点から「職場において行われる性的な言動又は優越的な関係を背景とした言動であって業務上必要かつ相当な範囲を超えたものにより、職員の就業環境が害されることを防止するための方針の明確化等の必要な措置を講じなければならない」とされ、ハラスメント対策が強化されました（居宅サービス等事業運営基準30④等）。

3　介護サービス全体の質の向上を目指す取組

　職員による利用者への虐待防止への取組と同様、ハラスメント防止を目的とするのではなく、利用者一人一人の尊厳を守り、利用者が主体的な生活をしていくための支援のプロセスとしてハラスメント防止を捉え、組織的に取り組むことが必要です。

　そのためには、職員の介護サービスの質の向上に向けた取組は欠かせません。介護技術や知識の取得に向けた自己学習や研修受講、OJTによるケアの技術・知識の向上や、多職種によるアセスメント情報に基づく個別ケア提供のためのカンファレンスでの情報の共有、ケアに当たって職員が互いに声を掛け合い、気付き合えるようなコミュニケーションがとりやすい職場風土作り、職員による高齢者虐待の防止対策の推進などにより、利用者や家族が安心してサービスを利用することができるようにすることは、介護現場における様々なトラブルを防止することにつながります。

　サービスの利用が長期間になればなるほど、事業所及び職員と利用者や家族の距離が密接になりやすく、その関係性が曖昧になりやすい場合もあります。しかし、あくまでも介護保険サービスの利用者とサービス提供者である関係性であることを認識し、適度な距離を保つことは大切です。そのため日頃から、サービス提供として「できることとできないこと」を明確にしておくことや、契約範囲外の対応の「例外」を作らないことなど、利用者や家族へ契約内容や範囲への理解を図ることは重要です。併せて、ハラスメントは許されない行為であり、「職員による虐待と職員や他の利用者へのハラスメントは、いずれもあってはならないこと」と組織的に考えていることを利用者・家族及び職員に周知することも大切です。

　職員の意識を統一させるため、ハラスメント防止に向けた対応方針等の共有を図ることや、利用者・家族に対しては、サービス利用契約

時に、契約書や重要事項説明書により、ハラスメントに関する基本的知識や事項、ハラスメントが生じた場合の対応方法、状況によっては契約の解除になること等も伝えておくことは重要です。

弁護士の アドバイス	利用者・家族からのハラスメント防止対策（契約書や重要事項説明書に記載しておくべき視点等）

事業主は、労働者に従事させる業務を定めてこれを管理するに際し、労働契約上の安全配慮義務として、業務の遂行に伴う疲労や心理的負荷等が過度に蓄積して労働者の心身の健康を損なう結果の生じないよう注意する義務を負います。そのため、事業主は、介護従事者が利用者からハラスメントを受けていると認識した場合は、上記注意義務の内容に従って利用者のハラスメントを防止する義務があります。そこで、利用者の介護従事者に対するハラスメントは、利用者による介護従事者への重大な人権侵害（不法行為）であるとともに、事業主の介護従事者に対する債務不履行（安全配慮義務違反）になることには特に留意しなくてはなりません（利用者・家族全体に対する介護従事者側の警戒感が増し、組織全体の業務に対するモチベーションは大きく低下するなどの弊害も生じます。）。

以上から、事業主としても、上記安全配慮義務の観点からも、利用者と交わすサービス利用契約書や利用者に交付する重要事項説明書において具体的なハラスメント行為の列挙とともにその禁止を定め、かつ、ハラスメントを理由にする契約解除条項を明記してハラスメント防止や被害拡大の阻止を契約面からも担保することが求められているといえます。

第 5 章

● ●

家族等への対応に関する相談

88

〔17〕　サービス利用料の滞納が続いている場合

| 相談内容 | 3か月以上利用料を滞納した場合、契約上は退所することになっています。3か月以上利用料を |

滞納している利用者の家族へ請求をし続けていますが、連絡がなかなか取れません。面接の約束をしてもキャンセルを繰り返されてしまいます。本人は介護が必要であり、無理やり退所させることはできません。どのような対応が考えられますか。

ポイント

① 利用者の金銭管理の状況（本人の意向や管理者等）を把握しておくことが大切です。
② 経済的虐待の可能性がある場合、高齢者虐待防止法に基づく適切な対応が必要です。

回　答

1　利用者の金銭管理に関する意思や管理能力の把握

　利用契約締結時に、利用料の支払方法については手続上必ず確認をしていると思います。その際、金銭管理に関する高齢者本人の意向や管理能力についてのアセスメントも行っているでしょうか。

　介護保険施設等においては、利用者の財産、特に預貯金等については、利用者等からの依頼により施設等が通帳及びこれに係る印鑑等を預かり、又は施設等での生活に必要となる金銭の入出金事務を代行することなど生活上の便宜を図られている現状があります。施設等が利用者の通帳等を預かり、出納管理を行う際のポイントは利用者等の依

頼に基づくものであるため、まず利用者本人が自分の財産や預貯金の管理についてどのように考えているか、思っているかなどの意向を丁寧に確認することです。

　各介護施設等の預り金の取扱いに関する規程等では、その対象は「利用者等」のように、利用者本人だけではなく家族も含まれることが多いと思います。しかし、必ずしも利用者本人と家族の意向が同一とは限りません。家族というシステムで見たときに、家族間の力関係は様々です。特に要介護状態の高齢者等の場合、家族への気兼ねや配慮から、自らの意向は控えて家族の意向に全て任せるという意思決定をするような傾向も見られます。

　認知症等により利用者自らの金銭管理が困難と思われる場合であっても、利用者へ金銭管理をどうしたいと思っているか（金銭管理能力の程度にかかわらず、自ら行いたいのか、第三者を含む誰に任せたいと思っているのかなど）についての意向を確認するとともに、利用者と家族の関係性、家族の金銭管理能力についてのアセスメントも丁寧に行うことが大切です。

2　高齢者虐待防止法に基づく対応の必要性

（1）　経済的虐待に該当する可能性

　介護サービス利用料の滞納は、利用者に対して必要な介護等を提供できなくなることであり、利用者の生活に影響を及ぼす状況に陥る危険性が高まります。

　利用者自身の金銭管理能力の変化により適切な管理・支払行為が行えなくなっている場合は、日常生活自立支援事業や成年後見制度等の権利擁護システムの活用ができるように支援していくことが求められます。家族が金銭管理者である場合、その家族が利用者の生活に必要な費用を使わせない状況になっている可能性があります。これは、高

齢者虐待防止法で定義された「養護者による経済的虐待」に該当する可能性があります。そのため、高齢者虐待防止法に規定された通報義務に基づき、市町村や地域包括支援センターへ通報することを検討する必要があります。

　高齢者虐待防止法では、「養護者」を「高齢者（65歳以上の者）を現に養護する者であって養介護施設従事者等以外のもの」と規定しています（高齢虐待2②）。また、厚生労働省マニュアルでは、「養護者とは、『高齢者を現に養護する者であって養介護施設従事者等以外のもの』とされており、金銭の管理、食事や介護などの世話、自宅の鍵の管理など、何らかの世話をしている者（高齢者の世話をしている家族、親族、同居人等）が該当すると考えられます。また、同居していなくても、現に身辺の世話をしている親族・知人等が養護者に該当する場合があります」と説明されています。

　つまり、介護施設等に入所している高齢者とその家族等は、一般的には現に養護する関係にはないと考えられます（高齢者の介護・世話等は養介護施設従事者等が行っている状態）。しかし、「経済的虐待」においては虐待の主体を「養護者又は高齢者の親族が」としており（高齢虐待2④二）、「養護しない親族による経済的虐待について『養護者による虐待』として認定する」（厚労省マニュアル6頁）ことになります。

　「経済的虐待」の考え方として、「本人の合意なしに財産や金銭を使用し、本人の希望する金銭の使用を理由なく制限すること」とした上で、具体的な例としては「日常生活に必要な金銭を渡さない、使わせない」「本人の自宅等を本人に無断で売却する」「年金や預貯金を無断で使用する」「入院や受診、介護保険サービスなどに必要な費用を支払わない」と示されています（厚労省マニュアル6頁）。

　(2)　高齢者虐待防止法に基づく相談・通報

　さらに、厚生労働省マニュアル63頁では、施設入所者に対する家族

等の虐待について「既に老人福祉施設等に入所している高齢者の親族等が、当該高齢者の年金等を使い込む、通帳を施設に渡さず必要な支払いが行われないなどの場合は、『養護者による高齢者虐待』として扱います。施設の従事者は、早急に市町村の虐待通報窓口に通報し、協力して虐待対応に当たります」と整理されています。

　このように、利用者に必要な費用等の支払が遅れる傾向が見られる、又は支払に応じてもらいにくいような状況があれば、高齢者虐待のサインとして受け止め、改めて利用者の金銭管理状況や利用者と家族との関係性を把握して、虐待を防止していく視点での関わりが介護施設等には求められます。

　実際の事例としては、滞納期間や金額がかなりの大きさになってから市町村の虐待通報窓口に相談することが見られますが、できるだけ早期に対応することを検討しましょう。ただし、その際は以下の点に留意します。

　市町村には債権回収の役割はありません。契約に基づく利用料の請求ができるのは、施設等であり、行政ではありません。通報後は行政任せにするのではなく、債権者である施設等としての責任を継続して果たしていきます。対応に当たっては、高齢者本人に対する意思決定支援は基本です。前述のとおり、高齢者と家族の関係性の中で表出された意思が本心ではない場合もあります。高齢者に現状（利用料が滞納されている、金銭管理者が支払に応じてくれないなど）も伝え、そのことへの認識や意向を引き出す支援が必要です。その結果、本人が年金の振込口座の変更を希望し、手続も行える場合はその支援を行うこともあるでしょう。本人による対応が難しい場合には成年後見制度の申立ての検討も考えていきます。

　家族等へは、電話や郵送による連絡だけではなく、場合によっては自宅等を訪問して請求をするなどの対応を行います。前述のとおり市

町村が虐待対応を開始しても、請求に係る対応は市町村には行えませんので、引き続き債権者である施設等として対応は継続します。虐待対応は、高齢者の権利利益の擁護のため虐待を防止していくことですから、当然市町村が高齢者の債務を補償することはできません。現に生じている権利侵害からの救済と今後の権利擁護を考えていくことになります。これ以上の負債を高齢者に負わせない、再発を防止していくために必要な対応を行っていきます。その結果、成年後見制度の申立てを行い、成年後見人等が選任された場合も、滞納分の支払が保証されるものではありません。成年被後見人等の資産状況や他の債務状況などに基づき、後見等事務の計画を立てていきますので、その際にどの支払を優先することが本人にとって必要なのかなどを判断した上で、返済計画について施設等と相談をしていくことになります。

　滞納額が大きくなることは、利用者の債務が増えることになり、結果利用者に多大な権利侵害を招くことになりますので、早めに異変に気が付き、対応を検討していくことが大切です（虐待通報窓口については、〔27〕参照）。

弁護士の アドバイス	債務不履行

　高齢者と介護施設との間には介護サービス利用契約（以下「利用契約」といいます。）があり、高齢者は契約で決まったサービス利用料を支払う義務があります。この義務（債務）の不履行は、通常、利用契約の解除理由になります。したがって、高齢者のサービス利用料の滞納状況が続けば、介護施設は高齢者との利用契約を解除し施設からの退去を求めることが可能になります。しかし、問題はそう簡単ではありません。すなわち、高齢者が介護施

設に入居するということの意味は「終の棲家」として入居することに他ならないこと、入居契約の内容としてはサービス利用のほか賃貸借契約の要素もあること、介護施設の利用料は介護保険制度の下でたとえ高齢者が自己負担分の支払を怠ってもその大部分の料金が保険を通じて支払われることなどの事情があるからです。

　したがって、高齢者と介護施設との間の利用契約は、高齢者の施設利用の利益（期待）が特に大きいこと、当事者間の信頼関係を基礎とする継続的な契約であること、前述の介護保険制度における料金の支払部分があること、事業者において高齢者の利用料の支払方法について手続上必ず確認可能であったことを考えると、事業者側で利用契約を解除するためには賃貸借契約よりもさらに「介護事業者と高齢者（利用者）との間において信頼関係が破壊されたといえる特段の事情」があることを具体的に説明する必要があると思います。

　そして、この「特段の事情」の有無の判断に関し、滞納期間、利用料不払いに至った具体的な理由（高齢者の帰責性の有無。特に年金等の安定的な収入があるのに不払いになっているとしたら養護者による経済的虐待が原因ではないかなど）を十分に吟味しなければならないと思います。

　その上で、高齢者に経済的虐待等が確認された場合は、虐待事実の通報等を行い行政機関による首長申立てによる後見人選任につながるきっかけを作るなどの対応も高齢者の便宜も考えると必要になるでしょう。

〔18〕　家族と利用者の意見不一致により、成年後見制度の利用に支障が出る場合

相談内容　　有料老人ホームに数年前から入所している利用者ですが、最近利用料の滞納が続くようになりました。本人から、第三者に金銭管理を依頼したいという意向もあり、成年後見の本人申立てをすることになりました（預貯金は高額）。しかし、申立て直前に入院してしまいました。入院中、家族から「退院後は自宅に引き取り自分が見るので、解約をする。入院費用とダブルで支払うのはもったいないから、すぐに解約したい」と申出がありました。本人からは「退院したらホームに戻りたい」「ホームのお友達が待っている」などの意向確認はできますが、病状から本人申立ては難しい状況です。どのように対応したらよいでしょうか。

ポイント

① 　本人の意思決定を尊重することが基本です。入院前と現在の意向を踏まえ、意思決定支援プロセスに沿って支援します。
② 　家族が、本人に対して権利を侵害している可能性があることに目を向けて、成年後見制度の申立てを行えるよう関わります。

回　　答

1　本人の意思決定を尊重した関わりが必要

　本人には、入院前に以下のような意思決定能力が備わっていたと考えられます。

①　自分自身の施設利用料が支払われていないことを理解し、

②　その状態が適切ではないと認識をして、

③　金銭管理を家族から第三者へ変更したいと判断して、

④　自ら成年後見制度を活用するという意思を表明する。

　認知機能の状態としては、自ら財産管理をしたり、契約を締結したりすることに求められる能力は十分ではありませんが、上記のように意思決定能力としては、①理解する力、②認識する力、③論理的に考える力、④選択を表明できる力を備えていることを把握することができます。

　たとえ現在は病状により入院前と同程度の力がなくなってしまっていたとしても、この先自分が「どこで暮らしたいか」という意向を示すことはできていることから、少なくとも退院後の居所の選択に関する本人の意思決定は「ホームに戻ること」であることは、確認できます。

　その本人の意思決定を支援するために、どのような関わりが必要かについて、家族に対してどのような説明と働きかけができるのか、予定していた成年後見制度の申立てについてどう扱うかなどについて、考えていきます。

2　家族による本人に対する権利侵害が生じている可能性について公的機関へ相談

(1)　本人と家族等との関係性のアセスメント

　本人の権利擁護を考える際、本人と家族の関係性を丁寧にアセスメントし、本人にとっての家族の存在や望ましい関わり方、適切な距離感を知ることも大切です。

　高齢者は、様々な理由や選択肢があって、今の生活を営んでいます。高齢期に入って、心身の変化や経済的基盤の変化等の影響を受け、住

み慣れた自宅から施設等別の場所での生活を考えなければならないことは、本人にとっては大変大きな意思決定をしていることになります。しかし、要介護度が重く、認知症等を発症しているような場合は、家族の判断と意思決定により新しい生活の場が決められていることも多いでしょう。そのため、入所契約の段階から家族の関わりがある場合もあれば、入所後に何らかの関わりが始まることもあります。その関わり方は、高齢者の生活に変化（病気の発症、認知症の発症・進行、看取り期を迎えるなど）が生じることで、変わることもあるでしょう。また、家族の生活の変化（退職、失職、疾病や障害の発症、身内の結婚や出産等のライフイベント等）によっても、大きく変わる可能性はあります。

　当初は特に家族関係で調整が必要な状況が生じていない場合でも、ある時から本人に対する態度や考え方が変わり、本人に対して直接的な影響を与えていく事態が生じることもあります（例えば、金銭管理状況が変わり、施設利用料等の支払が滞る、連絡に応じなくなる、面会に来なくなるなど）。

　本事例の場合も、限られた情報からではありますが、利用料の滞納が始まった少し前から、家族の生活に何らかの変化が生じ、そのことが本人と家族との関係性にも変化を生じさせたのではないかと推測できます。お金のことを気にされているため、家族の経済的状況に何らかの変化が生じたのかもしれません。

（2）　本人に対する権利侵害を防止する対応

　家族が抱える問題や不安への支援の必要性も考える必要がありますが、まずは本人の安心・安全な生活を確保する必要があります。確認できている本人の意向・意思を家族と共有し、意思決定支援プロセスを踏まえた支援について、理解を得られるような説明をすることが求められます。

　その過程で、家族が合理的判断に基づかず本人の意思の尊重をしよ
うとする姿勢を見せず、逆に本人に意向を変更させるように働きかけ
（面会の際に、家族の考えを強要する、家族の意向に同意するように
働きかけるなど）、そうして一方的に決定をしようとするような状況
が生じることもあります。このような状況がある場合は、本人の権利
が家族により侵害されるおそれがあることから、ホームのエリアを担
当する地域包括支援センターや市町村の高齢福祉所管部署等の公的な
窓口へ相談をすることも有効です。相談する根拠としては、養護者に
よる高齢者虐待の疑い（利用料の滞納があることでの経済的虐待、本
人が必要とするケア＝施設ケアを受けさせようとしないことでの介
護・世話の放棄・放任等）が考えられますので、通報として相談する
ことも検討します。

　万が一、退院後のケアの検討もされないまま施設入所契約を解約さ
れ、転出手続も行われ、本人がホームには戻ってこないような事態に
なった場合は、せめて、本人の帰来先の確認と、転出先でも必要な支
援が受けられるよう新たな支援機関へ引き継ぐことができるよう、家
族へ理解を求めます。そして、転出先の地域包括支援センターや市町
村の窓口へ高齢者虐待防止法に基づく通報を行うことが大切です。併
せて、成年後見制度申立ての必要性についても、相談機関に伝えます。
そして、本人が入院前に示していた意思や成年後見の本人申立ての意
向があったことなども併せて情報提供をしましょう。

　大切なことは、本人の意思を尊重することと、これからの生活にお
いて、本人が安心安全に暮らせる環境を確保することです。そのため
には、状況によっては関連法律に基づく介入的な関わりがなくては解
決できない問題が生じることもありますので、市町村や地域包括支援
センターに相談することを検討していく視点を持っておきましょう。

〔19〕　家族間の意見不一致により本人のケアに支障が出る場合

相談内容　　　現在、介護老人保健施設に入所中の男性高齢者は、自宅で次女の介護を受けながら生活してきました。しかし、脱水症状と肺炎を患い入院し、入院加療後にこちらに入所しました。介護者である次女も持病を抱え体調が良くないため、入所中は別居の長女が契約代理人として関わっています。入所者本人と長女は、しばらく施設での生活を希望しており、次の施設も決まり間もなく移動します。しかし、次女はリハビリを経て改善したら自宅に戻ると思っていたため納得せず「連れて帰る」と言います。どのように対応をしたらよいでしょうか。

ポイント

①　家族の意見が一致しないことにより、高齢者のケアや生活に支障が出るようなことは避けるべきです。「家族間のトラブル」と片付けず、高齢者に必要なケアの提供ができるように必要な支援を行います。

②　本人の意思と家族の意向を確認し、関係する専門職が適切な情報提供や説明を行い、家族も本人の意思決定支援チームの一人として関わっていけるよう支援します。

回　　答

1　本人の意思及び家族のそれぞれの意向の丁寧な確認と家族アセスメント

利用者中心の支援が基本ですから、まず本人の意思をできるだけ丁

寧に、複数回確認をしていきます。意思決定支援が必要な場合は、意思決定支援のプロセスに沿って、チームで支援していくことが大切です（意思決定支援については、〔10〕参照）。家族の意向も本人と同じであるか、本人と家族による話合い、家族合意の上で意思決定が可能な家族への支援は、特段悩ましいことはないでしょう。しかし、家族だからこそ意見や意向が様々にあり、全員が納得して同じ方向を向けるわけではありません。

　家族には歴史があり、それぞれが様々な思いを抱きながら生きてきているため、支援者としては家族に関するアセスメントは必要不可欠です。本事例のように、入院・入所前までの介護の中心は次女でしたが、現在は別居の長女にその中心が変わっているような場合、そこには何か理由があるはずです。また、今後の方向性について次女はあまり説明を受けていない様子も見られるため、カンファレンスへの次女の参加を長女が拒むなど、話合いの場すら設けずに、次女とは距離をとっているかもしれません。このような状況では、施設は納得のいかない家族から、説明を求められたり、苦情という形で申出を受ける可能性があります。

　家族間の意見の不一致を単なる「家族間トラブル」と捉えず、本人のケアや生活に支障が生じるのであれば、適切な支援が行えるように関与する必要があります。

　家族間の意見の不一致の背景には、高齢者の介護問題だけではなく、これまでの家族関係の問題、相続の問題、それぞれの家族の事情等が複雑に絡み合っていることがあります。また、入院・入所前の介護について課題が見られる場合があるかもしれません。入所等をきっかけに、これまでの方法を変える必要が生じているとも考えられます。家族によっては、そうした家族の中の事情や問題について、介護支援関係者に伝えずにいることもあります。高齢者本人がそう望んでいるか

もしれません。家族のことに立ち入り難いと感じることでも、状況によっては高齢者本人の権利擁護のため状況を把握し、課題解決に向けた支援を検討することは必要です。解決に向けて、現在の支援チームだけでは難しい場合、地域の関係機関や行政機関との連携も視野に入れた対応が求められます。

2　本人中心の意思決定支援に対する専門的関わり

　高齢者の意思を尊重した支援を行うためにも、家族の協力は欠かせません。その家族の意向が異なっている場合、高齢者自身の意思決定が困難になる場合があります。意思決定支援の視点から家族には意思決定支援チームの一人として関わってもらえるよう調整します。そうした関わりを持つことで、「家族の問題に立ち入れない」ではなく、支援者が関わる意味を説明することができます。

　本事例の家族に、もしも次女による介護・世話の放棄・放任（脱水や肺炎が生じた理由が、次女による介護がうまくいかず、結果的に高齢者の状態を悪化させているような状態）の問題があるのであれば、このまま次女が無理やりでも本人を自宅に連れ帰ってしまうことは、高齢者の健康や生活に支障が出る可能性があります。次女に介護を任せられない状況に対して、長女はしばらく施設での生活を選択するよう高齢者本人を説得しているかもしれません。

　支援の過程において、居宅のケアマネジャーが関与している場合であれば、家族以外からの情報収集は広がりますが、本事例のようにこれまでの支援者がいない場合、客観的な情報を把握することが難しいこともあります。本人や家族があまり語らない場合であっても、次女による連れ帰りリスクを避けることを目的に、長女に入院前の高齢者と次女の生活状況について話をしてもらえるよう協力を依頼し、できるだけ情報収集をします。その際、課題だけではなく、うまくいって

いたことや解決できていたこと、その方法についても把握するとよい
でしょう。高齢者本人や家族が持つ力を知ることは、支援の幅や選択
肢を広げることにつながります。

　家族が抱えている事情や背景を把握した上で、意思決定支援チーム
として各専門職から本人へ必要な情報提供を行い、本人が選択して決
定することができるような関わりを持って対応しましょう。その中
で、家族が高齢者の選択や決定などの意思を正当な理由なく否定し、
高齢者本人が必要としているケアやサービスの利用を拒否している場
合は、高齢者に対する権利侵害、虐待が生じている可能性もあります。
そうした状況を把握した場合は、高齢者虐待防止法に基づき地域包括
支援センターや市町村に相談・通報する検討が必要です。

　当該施設による支援は、高齢者が退所することで関わりは終わりま
すが、高齢者とその家族は、生活の場が変わるだけで抱えている問題
は継続します。課題解決を先送りにすることで、更に状況は悪化する
場合もあります。退所に当たり不安があったり退所後も継続した支援
が必要な場合は、支援のバトンを確実に次につないでいく関わりを意
識しましょう。

〔20〕　家族に面会時の約束事を理解してもらえない場合

相談内容　　入所に当たり、家族等の面会者に対して、一般的な面会時の約束事をお願いしています。しかし、誤嚥の危険性が高い食べ物の差し入れや面会時間、外出時の手続等について、理解してもらえない家族がいます。職員に対して介護方法への要望等も多く、業務へ支障も出てきています。家族が思うように職員に応じてもらえないと、職員を怒鳴ったり「訴えてやる」と脅かしてきます。入所者本人は、気まずそうにしています。どのような対応が考えられますか。

ポイント

① 　利用者の安全を脅かすような行為が見られた場合、施設の安全配慮義務を果たす対応が求められます。

② 　通常の業務に支障を来すような状態や、職員への脅迫行為等に対しては、毅然とした態度で組織的対応が必要です。

回　　答

1　入所者に対する安全配慮義務

　一般的に、介護施設は施設入所者に対して、入所者の生命健康などを危険から保護するよう配慮する義務（安全配慮義務）を負っていると考えられます（最判昭50・2・25判時767・11）。そのため、家族であっても入所者に対して、生活や生命・健康等の安全を侵害するような行為をした場合、まずは入所者の安全を守るための対応を図ることが求め

られます。

　施設が負う安全配慮義務は、全ての入所者を対象に発生しますので、当該家族の行為が他の入所者の生活を害するような危険はないかについても把握し、予防的な対応をとる視点は大切です。状況によっては、他の入所者やその家族から苦情の申入れが生じるような場合も想定されます。また、職員の中には、当該家族の存在を理由に間接的に入所者へマイナスイメージを持ってしまい、対応に影響を与えてしまう者も出てしまうかもしれません。

　一般的に、面会者に対して依頼する面会時の約束事は、施設管理面（面会時間や面会方法等）や入所者の生命や健康の保護を目的とした内容（感染予防や面会者の発熱や咳嗽の有無等の体調面、差し入れに関することなど）を設定している場合が多いでしょう。その上で、個別の約束が必要であれば、入所者と家族との相談の上で別途設けている場合も想定されます。いずれにしても、面会時の約束事や施設利用上のルールへの理解が得られず、結果としてその状況が施設の安全配慮義務を妨害するような事態であれば、面会の中止や家族の施設利用を断るなどの対応が必要になります。

2　職員への暴言や業務妨害に対する組織的な対応

　家族等の面会者への対応は、通常フロアの介護職員等が行っていると思います。しかし、本事例のように、面会時の家族対応を介護職員が行うことで、ケアやサービス提供へ支障が生じている場合、対応者の検討が必要です。入所者の直接ケアを行っている職員だけに任せるのではなく、生活相談員や管理業務を行う立場の職員が関わることが必要です。特に、職員への暴言・暴力や脅し、理不尽な要求や嫌がらせと思われるような行為が見られる場合には、通常の苦情対応としてだけではなく、職員へのハラスメントや不当要求等への組織的な対応

が必要です（介護現場での利用者・家族からのハラスメントへの対応
の詳細については、〔16〕参照）。

　万が一、職員や他の利用者・家族が暴行や脅迫を受け、当該家族を
説得することができない状況になった場合には、警察の援助を求める
べきです。

　大切な入所者の家族等への対応であることから、入所者の心情を考
えると、施設・事業所としてもいわゆる大事にはせずに収めたいと考
える傾向があると思われます。しかし、最も避けなければならないの
は、入所者へのケアが安定して継続的に提供できなくなってしまう事
態です。「できることとできないこと」を曖昧にせずはっきりと説明
していくことは、結果的に利用者の生活を守ることになります。また、
不当な要求に臆することなく、毅然とした態度で組織的に対応するこ
とで、家族に対する統一かつ公平な対応が可能になります。このよう
な統一した対応を行うために、施設内で対応窓口を一本化するなどの
体制を整えるよう、対応の手順や留意点等をまとめたマニュアルが作
成されているとなおよいでしょう。

3　家族からの要求や申入れの正当性の確認

　これまで、面会時の約束事への理解が得られず、ケアに対する過剰
な期待や介護方法への要望が見られ、明らかな暴言のほか、嫌がらせ
と思われるような理不尽な要求等であることを前提に整理をしてきま
した。しかし、まずは家族の話に耳を傾け、その内容が利用者の権利
利益を害する行為であるか、理不尽と思われる要求が一方的であるか
などを確認することは必要です。サービス事業所側が家族等に誤解を
与えるような説明をしてきていなかったか、不安に思われるような対
応をしていないか、職員によって対応や質問への回答に違いがあり、
その結果サービスの範囲が曖昧になり、混乱をさせるような説明にな

っていることはないかなどを振り返ります。家族等が混乱をしたり、説明等に十分な理解が得られない背景には、説明する側に改善を要する原因がある場合もあります。事業所側では当たり前と思っていることや説明をしなくても十分理解しているはずと思っているようなことも、利用者やその家族等が同じように理解しているとは限りません。逆に、事業所からの説明等に関し疑問に思うことがあっても、「こんなことを言ったら迷惑がられるかも」「口うるさいと思われたら、本人がここにいづらくなるかも」など、気兼ねや遠慮から言い出せない家族もいるかもしれません。

　このようなお互いが共通認識を持てないような状況を生じさせないためにも、日頃から、必要かつ正確な情報提供や説明を行い、内容によって適切な説明者を位置付けるなど体制上の工夫も考えましょう。また、家族等に認知症や障害等があるために、職員からの説明への理解が難しい場合には、家族自身への支援についての検討が必要な場合もあります。

　いずれの場合も、家族等からの要求、申入れの理由や背景を確認して、必要な関わりが持てるように組織的に対応をしていきましょう。

〔21〕　施設面会者による利用者への暴言や暴力がある場合

相談内容　　　有料老人ホームに入所中の高齢者のところに、ほぼ毎日長男が面会に来ています。入所者には中等度の認知症が見られ、短期記憶の低下が顕著に出ています。長男はこれ以上認知症が進行しないようにと、母親である入所者に毎日計算ドリルをさせています。入所者が正解できないと、大きな声で叱責したり、手を叩くことがあると介護職員から生活相談員へ相談がありました。どのように対応したらよいでしょうか。

ポイント

①　養護者による高齢者虐待に準じた対応が必要な場合があります。
②　施設として面会を制限するなど、入所者の保護を考えた対応の必要性を検討します。

回　　答

1　「高齢者虐待に該当する行為」として広く捉えた対応

　施設に入所をしている高齢者に対する家族からの暴力や暴言等があった場合、高齢者虐待防止法で定義されている「養護者による虐待」を受けていると思われる状態に該当するかについて考えるでしょう。高齢者虐待防止法では、虐待の主体を「養護者」と「養介護施設従事者等」と規定しています。「養護者」とは、高齢者を「現に養護する者」であって、「養介護施設従事者等以外の者」とされています。

　入所中の高齢者の養護は、施設により提供されているケアサービスによって行われていますから、入所中の高齢者の家族は「高齢者を現に養護する者」には該当しないと考えられます（経済的虐待については、「養護者以外の親族」も虐待の主体に含まれます。詳細は〔17〕参照）。

　しかし、だからといって面会者等（家族に限らず知人・友人等を含みます。）からの暴力や暴言等の行為を放置することは、あってはなりません。高齢者虐待防止法の目的は「高齢者の権利利益の擁護に資すること」です。そして「高齢者が他者からの不適切な扱いにより権利利益を侵害される状態や生命、健康、生活が損なわれるような状態に置かれること」と高齢者虐待を広く捉えた上で、法律上の虐待の定義を規定しているとされています（厚労省マニュアル3頁）。このような捉え方から、高齢者への不適切な扱いを放置することなく対応をすることが必要です。

　また、高齢者に対する暴力や暴言等の高齢者虐待としても考えられている行為を放置した場合、「養介護施設従事者等による高齢者虐待」の「介護世話の放棄放任」に該当する可能性もあります。

　入所している高齢者と面会者である家族の関係性の問題、個人的な問題として見過ごすのではなく、たとえ入所者自身が「大事にしないでほしい」との意向を示したとしても、施設としては入所契約上、入所者の安全配慮義務を負っていることや、高齢者虐待防止法の趣旨に基づくなど、コンプライアンス的にも対応する必要があることを説明し、一緒に状況の改善に努めていくことが必要です。

2　施設内で起こり得る高齢者に対する権利侵害への予防的対応

　不正や不当な行為が発生する要素の一つに、人の目が届きにくい環境（「機会」）があります（ドナルド・R・クレッシーが提唱している

「不正のトライアングル」の理論より）。施設内においても個室内や第三者から死角になるような場所や状況等（カーテンを閉めるなど）、周囲からは気が付かれにくい環境の中で、虐待や不適切な扱い等の行動は行われていることが多いものです。そのため、予防的な視点として、そうした環境や機会を作らないような工夫を検討してみることができます。ただし、プライバシーの問題と表裏一体であるため、具体的な方法の中には、入所者の理解や同意を得ることが必要なものも想定されます。工夫することは必要ですが、強制的かつ無理な対応ができるわけではありません。あくまでも、入所者及び面会者との対話をとおして、防止的な対応を図ることになります。

　本事例の家族のように、結果的に高齢者に対して不適切な行動をとっていますが、行動の動機は「認知症の進行を止めたい」「いつまでも元気でいてほしい」などの、高齢者に対する肯定的な思いが基になっていることもあります。一方で、家族が「高齢者にこうあってほしい」「こうあるべき」と一方的に抱いている思いである場合もあります。

　高齢者自身の思いはどうでしょうか。家族の思いに応えよう、応えたいと思う人もいれば、認知症等によりそうした家族の思いを理解することができない人もいます。言葉には、口にはできないけれど「放っておいてほしい」と内心思っている人もいるかもしれません。また「大事にしたくない」と、状況の改善に向けた関わりに消極的な意思を示している場合も、決して「このままでいい」と思っているわけではないかもしれません。家族の思いが分かるからこそ、十分応じることができずに家族の期待に応えられない、家族をがっかりさせてしまっている自分を責めるような気持ちがあり、いわゆるパワレスの状態で「これ以上迷惑を掛けたくない」という意思の表出の場合もあります。

　可能な限り、高齢者と面会者等の思いを確認し、行動の変化を促せ

るような関わりを持ちながら、不適切な扱いを防止していくことが必要です。

3　施設管理権に基づく介入的な対応の検討

　入所者へ不適切な扱いをする面会者に対して、そうした行為をやめるように話合いを設けても改善が見込めない場合、このままでは入所者の安全確保が難しいと判断し、施設が持つ権限を行使する対応が求められることがあります。その一つとして「施設管理権による面会の制限」があります（「施設管理権による面会制限」の法的解説は、〔33〕参照）。

　もちろん、入所者の面会の意思を尊重することは重要ですから、たとえ不適切な扱いをされていても、入所者が面会を希望する場合は、必要以上に制限することはできません。

　しかし、入所者の意向は、面会者からの不適切な扱いにより怯えていたり、怒られたり叩かれたりするのは自分がちゃんとできないからと自分自身を責めていたり、諦めているなどの心理的にパワレス状態になっていることも前述のとおり想定されます。その場合、入所者が合理的な判断の下で、面会を希望しているのかを明確にすることはできません。不適切な扱いの状況から、これ以上放っておけないような場合には、これまでの対応のプロセスと入所者の意思決定能力等を総合的に判断して、施設の権限に基づく対応を行うかの意思決定を組織的に行います。

　権限を行使するためには、根拠が必要ですから記録は重要です。施設側が面会を制限するに至った理由や根拠が適切に外部にも説明ができる内容が求められます。実際に生じていた事実が重要になりますから、職員の主観や思いは一切排除した、客観的な記録の作成を心掛けましょう。

〔22〕　家族から不当な要求等をされた場合

| 相談内容 | 介護老人保健施設に入所中の高齢者は、心肺機能の低下と加齢による筋力低下、整形疾患があるため、歩行能力は徐々に低下してきています。肺炎での入院により、更に全身の身体機能が低下しています。家族は、リハビリをしても歩けないことを施設のケアに問題があると主張し、利用料の支払を拒んでいます。職員もケアに関する詳細な要望を受けていて、対応に困っています。

ポイント

① 介護サービスの説明についての正当な要求やそれへの不満・改善要求と不合理な要求とを区別することが重要です。

② 説明をしてもなお社会常識的に考えて不合理な要求をされ続ける場合、法的対応も辞さない姿勢も必要です。

回　　答

1　適正な範囲の要求内容であるかの確認

本事例からは、利用者の身体機能は、施設入所前から段階的に低下してきており、直近の肺炎による入院生活により、更に機能低下が進行していることが推測されます。もともとの疾患や年齢的な要素も加わり、家族が期待するような歩行能力の改善が、リハビリによりどの程度実現可能なのか、主治医やリハビリのセラピストから説明がなされているでしょう。また、施設でのケアやリハビリを行うに当たっては、医学的な診立てだけではなく、本人の意思を尊重したプランニン

グが重要です。プランを立てる際には、多職種が連携して本人の意欲
面や認知機能面、日常生活の中の動作や活動面も併せて評価して、施
設で提供できるケアやリハビリの期間・内容から、個別の目標（ゴー
ル）設定と目標到達までのプロセスを描いていきます。そうした、多
職種による多角的なアセスメントに基づくプランと説明に対して、不
満や納得がいかない部分があれば、ケアサービス提供上に位置付けら
れているカンファレンス等で説明・検討をしていく対応が求められま
す。

　利用者・家族は、本人の心身の状況や疾患や障害の予後について不
安を持ち、進行や悪化しないことはもちろん、現状維持では十分満た
されず、多少の回復や改善でも期待し望むことは、当然のことかもし
れません。しかし、疾患や障害、認知機能面の状況によっては、期待
どおりの回復が望めず、リハビリの目標も低く設定せざるを得ない場
合もあります。そのことについて、家族の理解が得られずに納得がい
かないまま、本事例のような事態になっていることがあります。

　もしも、介護サービスを提供する上での説明が不十分であったり、
プランの作成に当たって十分かつ適切なアセスメントや検討がされて
いなかったりという状態があれば、サービス提供側の説明責任が十分
に果たせていない可能性がありますので、まずは自らの対応を振り返
り見直す必要があることを忘れてはいけません。

　一般的に苦情やクレームには、その発生要因があります。その要因
を緩和・解消できるかの検討をしていきましょう。場合によっては、
家族等が認知症やその他の精神疾患等により、感情のコントロールが
難しく、また状況を十分判断することができないなどの背景を抱えて
いるかもしれません。そうした要因背景を捉えた上で、説明方法（説
明者・手段・時期等）を検討していきます。介護サービスの利用契約
に当たっての説明は、社会通念上十分と考えられる範囲であった場合、

その説明に問題があったとは考えにくいと思われます。とはいって
も、その説明は丁寧かつ適切に行い、それでもなお不合理な要求を続
けてきた場合は、毅然とした態度をもって「できないことはできない」
と明確に伝えていく必要があります。

　利用料の支払についても、家族にとって期待どおりのリハビリの成
果は出ていないかもしれませんが、利用契約において締結しているケ
アやサービスの提供が適正適切に行われていれば、サービス提供事業
所・施設には請求する権利があり、利用者はその提供に対する対価と
しての支払をする義務があります。

　施設という生活の場において提供されるリハビリは、理学療法士等
セラピストによる個別のリハビリだけではなく、起床から就寝までの
日常生活の中で生じる各種ケアを通じても、日常生活動作を意識した
生活リハビリが行われていることは言うまでもありません。また、そ
れらのサービスを提供するに当たって、ケアプランや介護計画等が作
成されますが、その過程で必ず利用者や家族へ説明をして同意を得て
いきますので、そうした手続やプロセスが適正である場合、利用料の
支払を拒否されても、その要求を受ける正当な理由はないと考えられ
ます。

2　社会通念上十分な説明に納得せず、不合理な要求である場合

　介護サービスの説明についての正当な要求やそれへの不満・改善要
求ではなく、執拗な訴えやケアの提供に関する対応困難な要望（保険
外のサービス等）、その要求を実現させるために職員等を恫喝したり、
事業所から説明を受けてもなお執拗な説明を繰り返し求めたりする
等、業務妨害につながるような態度を示された場合は、不当な要求へ
の対応に切り替えていくことが必要です。

　対応に当たっては、マニュアル等を整備しておくことは有効です。

事業所・施設内におけるマニュアルの策定を通して、職員が抱える不安や困りごとを組織的に把握していくプロセスも大切です。

　また、不当な要求等への対応は、長引けば長引くほど、膨大な時間と労力を消費する可能性があります。これは、事業運営にとっても大きな打撃になりますし、利用者及び家族にとっても良いことではありません。そのため、内容と状況によっては、法的対応（「契約違反」としての対応等）をとらざるを得ない場合もありますので、日頃から弁護士等と対応策や実際の事例対応について、相談ができる体制を整えておくことも必要です。

3　家族の要求に対する利用者本人の意向確認

　対応に当たって最も大切なことは、利用者本人の意向を確認することです。家族の要求と利用者本人の意向や要望が必ずしも一致しているとはいえません。どうしても、要望が明確で声の大きい意見に耳が傾きがちですが、最も重要なことは利用者本人の希望意向・意思を尊重したケアを提供することです。利用者自身も、家族の過剰な期待に対して重荷に感じていたり、強要されていると感じていたりするようなことがあるかもしれません。また、自分自身のことではあるけれど、自分の本心とは別のところで自分のケアについて話がなされ、勝手に話は進んでいることについて、困惑や不安、さらに周囲への気まずさやいづらさを感じていることもあるでしょう。そして、家族の前では本心が言えないこともあるでしょう。家族の思いと自分の気持ちに挟まれて、たとえ認知症等による認知機能の低下がない場合でも、自ら決めることができないような心理状態に置かれていることもあります。

　対応をする場合は、利用者本人と家族への対応者を分ける等の工夫も必要です。

弁護士の アドバイス	不当要求

　不当要求とは、明確な定義はないものの、①法的根拠のない要求、②法的根拠はあるが、要求が不相当あるいは過大になっている要求を意味すると思われます。「不当」な要求だけに、要求を受ける側においてはその要求に応じる義務はありません。一方、不当な要求だとは分かってはいても、相手方も困っているわけだし自分も今は時間があるからということから、不当要求に応じることもあるかもしれません。しかし、不当要求をしている本人や家族において「不当」という認識があるとは限りません。また、一旦、「不当」な要求に応じてしまうと、「不当」と「正当」の境界が曖昧になること、同様の不当要求を拒否した職員に対し本人や家族が「○○さんはやってくれた」（だから、要求に応じるべきだ）という対応をとられる可能性も生じ得ます。したがって、不当要求には毅然と対応し、決して応じてはいけません。

　もっとも、②法的根拠はあるが、要求が不相当あるいは過大になっている要求の場合、①とは異なり一応の法的根拠が要求の前提にある以上は、要求が「不当」か否かは解釈の問題であるなどと主張し、事実上の要求（迷惑）行為を繰り返される可能性もあります。

　このような場合も含めて、不当要求については、後日、要求内容や要求の変遷経過を振り返ることができるように、要求された日時や具体的な内容についてはメモ、録音等を活用して記録にとって保存することが重要です。また、不当要求については職場で情報を共有し、警察署への被害相談や弁護士等の専門家相談への活用を活用し、安易に不当要求に応じることは絶対にやめましょう。

〔23〕　家族から利用者の個人情報の開示請求があった場合

相談内容　　認知症のある利用者の家族から、利用者のサービス提供に係る記録の情報開示の請求がありました。請求者は、利用契約の際に関わっている家族の兄弟です。「長年、自分が本人の面倒を見てきた。本人のことを知る権利がある」と主張しています。どのように対応をしたらよいでしょうか。

ポイント

① 　自己情報の開示請求ができるのは、本人です。本人以外に認められている代理人の範囲は、個人情報保護法に定められています。
② 　原則開示ですが、全部又は一部を開示しない例外の規定があります。

回　　答

1　本人以外に請求ができる者の範囲の確認と、本人への意思確認及び説明の必要性

個人情報保護法では、自己情報開示の請求権は本人にあると規定されています。これは、成人した者であれば、自分自身の情報について、たとえ家族であっても開示する権限は認められていないということです。

しかし、家族であれば、日常的に家族のいわゆるプライバシーに関することや、要配慮個人情報（本人の人種、信条、病歴など本人に対する不当な差別又は偏見が生じる可能性のある個人情報）を容易に知

り得る関係でもあります。慣習的にも、家族に関することは家族と共有をしておく方がよいとされる場合も多く存在します。

　しかし、それは当事者間で、お互いが有する情報をコントロールしながら、自らの個人情報について共有したり、しなかったりとしている中でのやり取りが基本です。介護サービス事業者等のように、業務上知り得た情報について、正当な理由なく第三者へ本人の同意を得ることなく提供することはもちろん、本人の同意があるからといって、把握している情報を全て何の制限もなく誰にでも提供することは、法律上できません。

　施設に入所者の個人情報に関する開示請求がされた場合は、まず請求者が法的に請求可能な代理人かどうかを確認することが必要です。

　代理人の考え方としては、任意後見人や成年後見人等のいわゆる法定代理人は該当します。また、入所契約書において、本人の療養に関しての関与が期待される親族等について、別途定め（利用契約において、契約者である高齢者の不服申立権に関与する定め等）がある場合には、そうした立場の家族も含まれることがあるでしょう。もちろん、法定代理人等、開示の請求ができ得る人からの請求であった場合でも、原則として本人に個人情報の開示を行う旨を説明した上で、開示を行うことになるなど、あくまでも個人情報の開示を第三者が行うことはできないという視点に立っての対応が求められます。

　正式な情報開示請求の形式がとられない場合であっても、日頃から個人情報の取扱いについて、全ての職員が正しい理解と知識を持って対応することが大切です。

2　本人からの開示請求における非開示情報

　本人が自らの個人情報に関して、施設等へ情報開示を求めた場合、開示することが原則です（個人情報28①）。同時に、開示することによる本人や第三者の権利利益等を害するおそれがある場合等は、全部又は

一部を開示しないことができるとされています（個人情報28②）。

　具体例としては、既に個人情報保護法23条1項4号に基づき、本人の同意を得ずに、家族や介護・医療関係者等に情報提供及び情報の共有を行っている場合、関係者等の同意を得ずに本人へ当該情報を提供することにより、本人と家族や関係者との人間関係が悪化するなど、家族や関係者等の利益を害するおそれがある場合等が挙げられます。それ以外にも、本人の病状や治療に関する情報については、本人に十分な説明をした場合でも、本人に重大な心理的影響を与え、その後の治療効果等に悪影響を及ぼす場合等が考えられます。

3　開示することで他の法令に違反することになる場合の考え方

　個人情報保護法28条2項3号では、全部又は一部の開示をしないことができる例外として、「他の法令に違反することとなる場合」と規定しています。

　例えば、当該高齢者が養護者による虐待を受け、市町村等が高齢者虐待防止法に基づき支援をしている場合に、養護者から介護・医療等関係者に対して個人情報開示請求があった場合で考えてみましょう。虐待者である家族が、法定後見人である場合は、法令上開示請求ができる者としてみなされますので、高齢者＝成年被後見人の個人情報の開示請求は行える立場にあります。しかし、個人情報の中には当然高齢者虐待防止法に基づく、関係機関の協力の範囲の中で把握した情報や支援内容や計画に関する情報が含まれています。さらに、それらの情報には、市町村が判断した虐待の認定に関する情報や、養護者は知り得ない本人の思いや意向（養護者には言わないでほしいという意向がある場合は、そうした希望も含め）が記録されていることも想定されます。高齢者虐待防止法では、通報者の保護を目的として通報者を特定させるものを漏らしてはならないとされています（高齢虐待8・17

③)。そのほか、高齢者虐待防止のために関わっている高齢者虐待対応協力者に対し、業務上知り得た秘密を正当な理由なく漏らしてはならないとされています（高齢虐待17②)。そのため、介護サービス事業所・施設が保有する個人情報には、高齢者虐待防止法で「漏らしてはならない情報・秘密」が含まれている場合があり、そうした情報を本人に開示することによって「そのほかの法令に違反することとなる場合」に該当するため、情報の一部非開示が認められると考えて対応することになります。

弁護士の アドバイス	自己情報開示請求

　個人情報保護法は、本人に当該本人が識別される保有個人データの開示請求、当該保有個人データの内容の訂正、追加又は削除の請求、当該保有個人データの利用の停止又は消去の請求する権利を認めています。これは、本人が有する情報コントロール権を具体化するものとして、個人情報取扱事業者に対し本人の個人情報（ただし、対象は「当該本人が識別される保有個人データ」に限定されます。）について開示義務等を課し本人に法律上の請求権を認めたものです。対象となる本人の情報はあるがままの保有個人データの内容で、個人情報取扱事業者が対象情報を保有しているという事実は請求する本人側に立証責任があります。また、個人情報取扱事業者は、本人からの開示請求を受け付ける方法を定めることができます。なお、個人情報の開示請求については、たとえ本人であっても不開示になる場合もありますし、個人情報の一部のみ開示される場合もあるなど（個人情報28②ただし書）、個人情報であれば常に本人には開示されるというわけではないので注意が必要です。

〔24〕　家族の一部が利用者の状態等の報告や説明に納得しない場合

相談内容　　ショートステイを定期的に利用している方が、夜間に高熱を出したため、夜間緊急時の手順に沿って対応し、看護師及び主治医への相談の結果、協力病院へ救急受診し、利用者は入院となりました。契約代理人の利用者次男と連絡が取れず、緊急連絡先の一つである利用者長男とは連絡が取れたため、電話で本人の状態を説明しました。翌日次男へ説明をした際「なぜ勝手に長男に連絡した。長男とはもめていて、母親に会わせたくない」「なぜ○○病院じゃないんだ！」「きちんと説明をしろ！」と怒鳴られました。改善すべき点はどこでしょうか。

ポイント

①　サービス提供前に、短期入所生活介護計画を利用者・家族が理解できるよう説明し同意を得て交付し、家族の共通の認識の下に確実にサービスを提供することが大切です。

②　緊急時の対応手順をあらかじめ策定し、リスク管理体制を整え、事業所としての責務を果たすことが求められます。また、状態悪化や事故等が発生した場合は、利用者・家族への適切な説明が求められます。

回　答

1　サービス提供前の情報収集と計画書の交付、説明、同意を得る

ショートステイは、在宅での生活の延長で行われるサービスですが、

一時的な利用であっても、利用者にとっては生活環境が急に変化するものです。そのため、心身の状況が不安定になりやすく、事故や状態の変化が起こりやすいサービスともいえます。だからこそ、サービス提供前に、利用者の心身の状況や在宅での生活及び介護サービスの利用状況等について、家族やケアマネジャー等から十分な情報収集を行い、サービスを提供する必要があります。特に、本事例のように定期的に同じ利用者が繰り返し利用する場合、再利用時に利用者の心身の状況に変化がないと思い込み、心身の状況把握や日常生活の状況、家族の状況等の把握がおろそかになりがちです。そして、この状況の把握が不十分であったために発生する事故もあります。定期的な利用であっても、毎回の利用開始時に直近の利用者に関する情報を適切に把握することが必要不可欠です。更新された情報に基づき短期入所生活介護計画を作成し、サービス提供前に、計画書を利用者・家族が理解できるように丁寧に説明し、同意を得て交付します。サービス提供に当たっては、利用者・家族と職員が共通の認識を持つことが大切です。さらに、把握した情報・状況から課題を発見した場合は、ケアマネジャーへ報告し、サービス担当者会議等の開催を提案することで、サービス全体の見直し等の検討を図っていく必要があります。

2　状態悪化や事故発生時への対応手順の策定と適切な説明

　サービス提供中に利用者の状態悪化や事故等が発生した場合、速やかかつ適切に対応することが重要です。迅速に対応するためには、事業所内において緊急時の対応手順等を策定しておくことや、対応に当たっての各種業務について、各担当の責務も明確にしておくことが必要です。

　また、契約時には契約代理人や緊急連絡先の把握等は必ず行っていますが、利用者に関わる家族等の変化により、情報が変更されている

場合があります。サービス利用契約期間が要介護認定の有効期間満了日であることが多く、契約終了の申入れがない場合には、自動的に契約更新される取扱いが主流だと思われます。契約更新時の見直しでは期間が長いため、利用者の状態悪化等緊急時の連絡先や、どのような場合に連絡をするかについては、毎回利用時に必ず確認をしておきたいポイントです。

　このように、適切な利用者の状況に基づき、あらかじめ利用者・家族等と対応について共通認識を持っておくことで、実際に対応が必要になった際も、利用者・家族も事業所もお互いが混乱することなく、迅速に対応することが可能となります。また、策定された対応手順と共通認識に基づく説明により、利用者・家族は的確に安心して状況を理解することができるでしょう。

　事業所には、サービス提供における利用者・家族等への説明責任があります。この説明責任を適切に果たすためにも、ケアマネジャーや医療機関等利用者の支援チームと連携して、常に利用者の状況を正しく把握して支援することが重要です。

弁護士の アドバイス	事業所における説明責任

　介護サービス事業者がショートステイ利用者と結ぶ利用契約の法的性質は、準委任（民656）ないし請負契約（民632）としての業務委託基本契約となります。準委任契約には、受任者による利用者への報告義務（民645）がありますので、受任者である事業者は利用者から請求されればいつでもその事務処理の状況を報告しなければなりません。また、請負契約の場合でも、通常、利用契約に善管注意義務や報告義務を定めるため、準委任の場合と同じ扱い

になると思います。そこで、問題は、いかなる内容に関して受任者に委任者への報告義務があるかという点です。受任者が委任者に対して負う報告義務は、善管注意義務の一内容として利用契約の履行の場面において受任者の地位や職業を考慮して客観的かつ具体的に定まる義務になります。換言すると、事業者である受任者は、利用者のショートステイ利用やその安全管理、緊急対応において事業者としてマニュアル等に従って通常要求される対応を行ったのであれば善管注意義務は尽くされています。そのため、受任者である事業者には、利用者側による連絡先、搬送病院や具体的な対応方法についての個別的な指定（「長男に連絡するな、長男と母親を会わせるな」「なぜ○○病院じゃないんだ！」「きちんと説明をしろ！」）について応じる法的義務も必要もない、ということになります。

〔25〕　身内と名乗る人からの問合せに対応する場合

> **相談内容**　高齢者の甥と名乗る人から、事業所へ問合せがありました。遠方で会いに行くことができないため「本人の様子を教えてほしい」という内容です。本人から甥がいることを聞いていたこともあり、利用しているサービスも知っている様子ですし、本人のことを気にかけ心配されているようなので、教えても問題ありませんか。

ポイント

① 　個人情報の取扱いに留意した対応が必要です。

② 　問合せがあった場合に限らず、関係者が親族等へ新たに連絡を行う場合も、同様に個人情報の取扱いに留意します。

回　　答

1　「本人の同意」を得た上で第三者へ提供

　利用者から家族に関する情報を聞いている場合もあれば、日常的に関わりのある家族に関する情報しか把握していない場合もあるなど、事例により事業所が知り得ている家族に関する情報は異なります。身寄りのない方、身内がいる場合でも関わりがほとんどないか悪化しているなど、関係性についても様々です。高齢者のこれからの生活に関与するのか、本人は関与してほしいと思っているのか、家族や親族との関係をどのように考えているのか、望んでいるかなど本人に確認しなければ分かりません。親族と名乗る人からの電話での問合せや入所の場合は施設での面会を求めてきた場合の対応を想定して、あらかじ

め本人に意向等を確認して対応することが必要です。在宅生活を行っている利用者の場合は、自宅へ面会をしてくる可能性もあるため、もし高齢者が会いたくない親族等がいる場合は、支援者としてその情報を把握しておくことで、本人が望まない事態を未然に防ぐための準備をすることができます。

　利用者に関する情報は、個人情報及び要配慮個人情報に該当するため、本人への意向確認なくして、安易に伝える・答えることは、第三者への提供に該当し、個人情報の漏洩につながる危険性があることを認識の上、取り扱うことが大切です。

　問合せ内容としては、本事例ではざっくりと聞いていますが、具体的に想定されるものとしては「（利用者の名前）はそちらを利用（そちらに入所）していますか」というような、利用や所在の有無を確認されることがあります。本事例の甥のように、既にその事業所を利用していることは分かっているようである場合は、居宅サービスであれば利用曜日や送迎の時間帯、入所サービスであればフロアや部屋番号等具体的な情報を尋ねてくることがあります。

　本事例のように「様子を知りたい」という内容に対して、本人の健康面や病状、介護が必要な生活状態（身体的障害等を含みます。）等を伝えることも、全て個人情報及び要配慮個人情報に該当する内容です。あらかじめ本人の意向を確認し、本人が同意する場合以外は、事業所・施設を「利用しているとも利用していないとも回答できない」と対応します。「本人に確認をした上でお答えします」と答えてしまうと、「本人が利用していること」を伝えてしまうことになりますから、留意が必要です。また、問合せ者の名前が、利用者から把握している情報と一致しているような場合は、利用者が把握している連絡先（電話番号）にかけ直して対応するなど、慎重な対応が求められます。

　対応する職員により対応の違いが生じてはいけないため、問合せ対

応ルールや手順を定めておくことは、事業所・施設には重要です。

2　現在関与のない親族等へ連絡する場合の留意点

　親族への連絡は、相手から問い合わせてくる場合だけではなく、支援者から発信することも、当然考えられます。利用者のアセスメントにおいて家族関係を把握し、現段階での関与がある家族以外にも、必要に応じて今後連絡を取る可能性があると思われる家族や親族に関する情報についても集めておきます。その情報は、利用者自身から把握できる場合と、家族から了解を得て把握する場合など入手方法は様々です。把握する目的としては、緊急連絡先の一つとして、現在関与のある家族以外の連絡先を把握する必要があるということで収集していることが多いでしょう。

　緊急連絡先として把握する際、本人や情報提供に協力してもらう家族によっては、「緊急時以外は連絡をしないでほしい」ことや、緊急連絡先であっても「教えたくない、関わってほしくない」と思っていることを申し出る場合があります。支援者としては、本人の支援を考える上で、親族の協力が必要である場合やその協力に対する意向を確認するために、現在目の前にはいないけれど今後本人の支援に関わりが出てくる可能性のある家族や親族への連絡の可否を検討する場合があります。原則は本人の同意を得て対応します。しかし、同意が得られなかった場合でも、連絡を取る必要性がある場合は、担当者個人の判断ではなく、組織的に、又は複数の関係者からなる本人の支援チームの判断として決めることが重要です。その上で、利用者本人に係る個人情報を本人の同意なく親族へ提供することになりますので、個人情報保護法で規定されている第三者への提供の例外規定に該当することの検討の実施と記録を残しておくなどの対応を行います。

　新たな家族や親族の登場は、利用者本人にとって利益のあることで

あれば問題はありませんが、時として新たな関与が高齢者の人間関係のバランスや安定していた日常生活のバランスを崩しかねない事態を結果的に招くこともあります。日頃からの丁寧なアセスメントと、家族全体から高齢者を捉える視点を持った支援を考えることは、ソーシャルワーカーにとって基本的視点です。

〔26〕　利用者の家族に対して社会的な支援が必要な場合

| 相談内容 |

入所者の面会に来る家族の様子が気になります。朝食が終わる頃から夕食が終わるまで、終日施設内にいることが多くなりました。デイルームで新聞を読んだり、テレビを見て過ごします。夕食は、入所者（自分の家族）の食事を食べてしまうこともあります。身なりもいつも同じ服を着てくることが多くなり、他の面会家族から体臭に関する苦情も入るようになってきました。どのように対応をしたらよいでしょうか。

ポイント

① 面会に関する苦情対応としてではなく、入所者の家族への支援の必要性についてアセスメントし、支援につなげていきます。

② 入所者の家族に対して支援が必要になるような場合、入所者本人の支援内容や支援体制についての見直しも検討します。

回　答

1　家族の生活の変化についての丁寧なアセスメント

65歳以上のサービス利用者の家族が配偶者の場合、利用者を支援している立場にいる家族も同じく高齢者ですから、既にお互いが介護を必要としている、いわゆる老老介護の場合もあります。通所介護等居宅サービスの利用者であれば、直接自宅での生活や家の中の様子等は

利用者を通して把握しやすいでしょう。しかし、特別養護老人ホームや有料老人ホーム等の入所者の場合は、特段の理由がなければ入所後に自宅を訪問することはほとんどないと思われます。そのため、面会に来た時の様子から、家族の状況を把握し、本事例のような「気になる様子」に気が付いたときには、必要に応じて入所者の家族としての支援だけではなく、家族自身の支援の必要性についてアセスメントをすることが必要です。特段介護サービス等を受けていない場合は、介護保険の利用支援が必要な場合もあるでしょう。介護が必要ではなくても、同居家族の入所に伴い家庭や地域で孤立している可能性はあります。特に、入所前に二人暮らしであった場合、これまでの介護負担は軽減される一方で、単身生活になることでの精神的な不安等から生活意欲の低下等が見られることも想定されます。

　他の入所者の面会者からすれば、「面会にふさわしい格好をしてきていない」「何かトラブルを起こさないか心配」など、漠然とした不安や心配から施設に対して「何とか対処してほしい」と申出をしてくるかもしれません。中には「面会を許可しないでほしい」などの過剰な反応を示す人もいるかもしれません。その声に施設側も同調するのではなく、正しい目で状況を見極め、問題の本質を見誤らないことが大切です。

2　必要とする地域の支援窓口や支援機関への相談

　支援を必要としていると思われる家族が高齢者の場合は、地域包括支援センターへの相談がまず考えられます。その場合、施設・事業所の所在地ではなく、家族の居住自治体の地域包括支援センターになります。既に地域での実態把握がなされている世帯かもしれませんが、「地域の気になる高齢者を発見した」という相談をしていきます。

　地域の支援窓口につなげる場合、まずは当事者自身の意思を確認し

て、尊重することが基本です。当事者自身は、変調等の自覚がないこともありますので、支援窓口への相談の必要性を感じないかもしれません。消極的である場合や、はっきりと断られる場合もあるかもしれません。その場合は、面会時の様子を見守りながら、つなぐタイミングを待つ方法もありますし、状況によっては待つことが適切ではなければ、地域包括支援センターへ施設・事業所から相談し、連携して具体的な支援方法について検討をしていくことが大切です。

　本事例のように認知機能の低下が見られるような場合は、年齢的側面と「周囲が困っていること」の内容から認知症を疑うことが多いでしょう。しかし、例えばその症状が急速に出現し悪化してきているような場合は、他の病気の可能性も考えられるかもしれません。「周囲が困っていること」から、その人に生じていることの原因を決めつけ、支援の方向性を考えることは場合によっては危険です。介護より医療受診を優先させなければならない場合も考えられますので、正確な見立てに基づき、早期に対応を開始することが大切です。

　施設・事業所には、多職種の専門職が所属しています。これは、対応をする際の強みです。介護や相談部門だけではなく、看護師にも意見を求めるなどして、発見の段階の見立て（診立て）の精度を上げて、相談するタイミングを見逃さないように、施設・事業所内の連携力も上げていきましょう。

3　サービス利用者の支援方針見直しの必要性の検討

　利用者の家族に変化・変調が起こり、日常生活を送る上でも医療や介護面のサポートが必要な状況になるような場合、サービスの利用者本人の生活に対しても何らかの影響・変化が生じている可能性があります。

　サービス利用者の主介護者であった家族に変化が起きた場合は、こ

れまで受けられていた家族介護者によるケアが滞る可能性があることについては、気が付きやすいでしょう。そして、サービス利用者本人と介護サービス提供内容の見直しを検討していくことは、すぐに考えられる対応です。しかし、サービス利用者本人に認知症等による判断能力の低下が見られ、これまで今回変化のあった家族が契約行為等の代行をしていた場合は、利用者の支援に関わることができる新たな家族等へ協力を依頼する必要性が生じることもあるでしょう。

　高齢者のみの世帯や他の家族や親族等の支援・協力が得られにくい家族の関係性に関する情報を把握している場合は、こうした事態に備えて、日頃から対応策を考えておくことが重要です。契約時に確認をする緊急連絡先になっている他の親族等がいた場合でも、名前だけの可能性があります。実際にどの程度関わることが可能なのか、逆に利用者本人は他の親族等が関わることについて、どのような意向を持っているのかなど、家族関係については丁寧なアセスメントを重ねておくことが大切になります。利用者家族に起こり得る変化は、不測の事態だけではなく、予測できる事態である場合もありますので、事前に準備しておくことが可能な関わりを意識しておきましょう。

　その一つに、成年後見制度の活用への意識があります。高齢者の権利擁護を図るため、最終的な手段として活用を考えるのではなく、予測できる事態への備えとしても、早い段階から活用について本人とその家族と話し合える機会を設けるなどして、検討を開始しておくことが重要です。制度の利用が利用者本人にとってメリットがあると理解していくためには、時間を要する場合もあります。利用に当たり、申立費用や成年後見人等への報酬等経済的側面や、候補者の問題、第三者後見人等の場合は、その人との関係性への不安等、制度利用後のイメージができないことによる漠然とした不安を持つことは想定されます。また、手続に対して面倒に思うなどの消極的要因も考えられます。

制度利用には、本人がまず納得できること、家族も同様に安心して利用を考えることができることが望ましいことです。そのため、制度利用後の生活イメージを持てるような説明と活用タイミングを考えた検討開始時期等、計画的な制度活用支援を考えておきましょう。

第 6 章

利用者への虐待・不適切ケア
への対応に関する相談

〔27〕　家族等による高齢者虐待が疑われる場合

相談内容　デイサービスの利用者の体に、最近不自然なあ
ざがあると、介護スタッフから報告を受けました。
立ち上がりや歩行時にふらつきがある利用者のため、デイサービ
スでは必ずスタッフが見守りをしています。自宅で転んだのかも
しれませんが、あざができている場所は太腿の内側など、転んだ
際にぶつける場所でもなさそうです。虐待の可能性があるので、
通報をした方がよいでしょうか。

ポイント

①　虐待の早期発見・早期対応は重要です。高齢者虐待防止法を
　正しく理解し、法に基づく対応をしていきます。
②　施設・事業所内において高齢者虐待を発見した場合の対応方
　法を決めておくことが大切です。

回　答

1　早期発見努力義務と「虐待と思われる」状況での通報義務

　高齢者虐待防止法では、高齢者の保健医療福祉に業務上関係のある
団体・者に対して、高齢者虐待を発見しやすい立場にあることを自覚
し、早期発見に努めなければならないとされています（高齢虐待5①）。
　また、高齢者の保健医療福祉に業務上関係のある者は、市町村等が
行う高齢者虐待防止のための啓発活動や虐待を受けた高齢者の保護の
ための施策に協力するよう努めなければならないとされています（高
齢虐待5②）。

　養護者による高齢者虐待を発見した場合の通報については、「高齢者虐待を受けたと思われる高齢者を発見した者」に対する、速やかな通報をすることの義務が課せられています（高齢虐待7①②）。具体的には、「虐待を受けたと思われる高齢者」のうち、生命・身体に重大な危険が生じている場合には通報義務があります（高齢虐待7①）。生命・身体に重大な危険が生じている状況にはなっていないけれど、「虐待を受けたと思われる高齢者」を発見した場合には、通報の努力義務があります（高齢虐待7②）。いずれの場合も、ポイントは「虐待を受けたと思われる」状態での通報・相談ができるようになっているということです（「養護者」の捉え方は、〔17〕参照）。

　「虐待かどうかまだ分からないから」「虐待の証拠があるわけではないから」という理由で通報を先送りする事例を聞きますが、これは、高齢者虐待防止法に対する誤った認識です。通報・相談の際に「虐待の証拠」も「虐待であるという見極め」も必要ありません。虐待の有無を判断していくための事実の確認を行い、明らかになった事実に基づき虐待の有無を判断するのは、高齢者虐待防止法に規定された市町村の役割です。

　なぜ、「虐待と思われる」状態での通報が規定されているかというと、虐待のような権利侵害は軽微な状態から深刻化した状態へ進行する性質があります。そのため、虐待の小さな芽のような状態から、深刻化しないように防止的に対応することがとても重要なのです。

　利用者である高齢者やその家族の状況、生活状況を見聞きすることができている介護サービス事業所であるからこそ、日頃から利用者の状況を把握して、変化や小さな気付きをキャッチすることができます。その役割と責務を職員一人一人が常に自覚しておくことが大切です。

2　速やかな通報ができるような事業所の体制整備

(1)　早期発見・対応への姿勢

　高齢者虐待の早期発見の目を職員一人一人が持っていたとしても、事業所としての正しい行動がとられなければ、高齢者虐待の防止への一歩が踏み出せません。事業所としての高齢者虐待を発見した場合等の対応手順を定めるなど、虐待防止に向けた体制を整えておくことが求められます。

　本事例のように「虐待を受けたと思われる高齢者」の発見はできても、通報することへ不安を抱えることは少なくありません。例えば、「自分が通報したことが分かったらどうしよう」「実は虐待ではなかったらどうしよう」と思うことはないでしょうか。高齢者虐待防止法では、通報を受け付けた市町村に対して、業務上知り得た事項や通報者を特定させる情報を漏らしてはいけないと規定されています（高齢虐待8）。もちろん通報者を特定させないように対応をしても、高齢者や養護者等の当事者が推測していくことは考えられますので、完全に秘匿した状況を確保することが難しい事例もあるかもしれません。しかし、法律上通報者は守られているということを理解しておくことは大切です。たとえ、通報したことを当事者から咎められたり、苦情のような申出を受けた場合であっても、高齢者虐待防止法により通報義務が課せられているため、通報をしたことの正当性は法律で守られています。

　通報をすることへの不安よりも、通報が遅れたことにより事態が深刻化し、結果的に高齢者及び養護者に重大な結果が生じることへの不安を考えて、適切な対応を組織として行えるようにしていきましょう。

(2)　体制作りのポイント

　具体的な体制作りとしては、まずは職員が高齢者虐待防止に関する正しい知識を得られるようにすることです。どのようなことが虐待に

該当するのか。虐待のサインとしてはどのようなことに気付く必要が
あるのか。主観的ではなく客観的に利用者とその家族を観察していく
ことができるとよいでしょう。

　そして、「虐待を受けていると思われる高齢者」を発見した場合、誰
がどのように市町村へ通報をするのか。通報の手順や通報後に町村の
対応に協力するに当たっての窓口をどこにするのかなど、手順や事業
所内の報告・連絡・相談体制を明確にしておきます。

　通報に当たっては、できれば直接見聞きした発見者である職員が直
接通報することが望ましいでしょう。これは、情報が伝達されていく
中で、情報に介在する人の主観や感情が入ることや、伝聞情報が増え
ていくことで事実がずれて伝わっていくおそれが出てくることなどが
想定されるからです。しかし、発見した職員個人としての通報が難し
いような場合は、事業所として速やかに通報を行うようにします。そ
の際、職員から相談を受けた者は、通報を妨げたり遅らせたりするよ
うなことがないようにしましょう。

　また、「虐待を受けたと思われる高齢者」を発見した場合、通報の前
にまず担当ケアマネジャーへ報告する対応がとられることも考えられ
ます。ケアプランに基づくサービス提供をしている中で報告が必要な
状況が生じた場合は、ケアマネジャーへの報告・連絡・相談は必要で
す。しかし、高齢者虐待防止法に基づく通報は、「発見者」に求められ
ている義務であることを理解し、ケアマネジャーへのサービス提供上
の規定された報告とは別に考え、速やかに対応することが求められま
す。通報についてケアマネジャーの意向を確認することは不要です。
ケアマネジャーへ発見した事実を報告するとともに、事業所として市
町村へ通報していることを併せて報告するようにしましょう。支援チ
ームの共通認識としてあらかじめ通報に関する対応手順を明らかにし
ている場合は、その手順に従い通報の役割を持った機関から速やかに

通報をするようにしましょう。

　「虐待と思われる」状況に気が付いていても、「もしかしたら違うのではないか」「一生懸命介護もしているし、これを虐待と思ったらかわいそうではないか」など、通報を遅らせる理由はたくさん考えることができます。でも、それは誰にとっての理由なのかを考えてみましょう。

　虐待は、受ける側も虐待をしている側も共に辛く、悲しい状況です。その悲しみをそのままにしておかないためにも、その高齢者や家族に関わる介護・福祉のプロの立場を理解して、適切な対応をしていきましょう。

　なお、令和3年度介護報酬改定に伴う基準省令改正（令3・1・25厚労令9）により、全ての介護サービス事業者に対する虐待防止（「虐待の未然防止」「虐待等の早期発見」「虐待等への迅速かつ適切な対応」）のための措置に関する規定が新設されました（居宅サービス等事業運営基準29七・37の2等、「指定居宅サービス等及び指定介護予防サービス等に関する基準について」（平11・9・17老企25）第3-3(31)等）。高齢者虐待防止法だけではなく、介護保険法に関連する省令等により事業者及び従事者に対する責務が位置付けられていることも理解して、介護サービス事業所全体で取り組んでいきましょう。

3　通報窓口

　高齢者虐待に関する通報窓口は以下のとおりです。

虐待の主体	通報・相談先
養護者による高齢者虐待	市町村・地域包括支援センター
養介護施設従事者等による高齢者虐待	施設・事業所の所在市町村

　高齢者の住民登録地と居住実態のある市町村が異なる場合、高齢者虐待防止法では、被虐待高齢者の住所に関する規定はありません。そのため、明確に対応について整理されているものはありません。一つの考え方として、民法上の「居所」「住所」の規定に基づき、高齢者の「生活の本拠地（居住実態）」の市町村が主体となって対応すると整理されることが多い現状があります。まずは施設所在市町村に相談・通報を行い、関係のある市町村（保険者）が相互に連携をして対応することが望ましいでしょう。

〔28〕　高齢者虐待の通報を高齢者本人が拒否する場合

相談内容　デイサービスの利用者に不自然な内出血があります。確認をしたところ、転倒している様子や、内服薬による影響もなさそうであることから「気になる高齢者」として地域包括支援センターに相談をすることにしました。しかし、利用者は「大丈夫。転んでぶつけた。大事にしないで」と言います。利用者の同意が得られないので、相談はできないのでしょうか。勝手に相談をしたら、守秘義務違反になるのでしょうか。

ポイント

① 　高齢者虐待防止法に基づく対応における個人情報の取扱いについて、正しく理解しましょう。
② 　高齢者虐待防止法における対応上の基本的視点を知り、「高齢者虐待対応協力者」として対応しましょう。

回　答

1　高齢者虐待防止法に基づく通報と守秘義務の関係

　高齢者虐待防止法7条3項では、通報に係る個人情報の第三者への提供を「刑法の秘密漏示罪の規定その他の守秘義務に関する法律の規定は、前2項の規定による通報をすることを妨げるものと解釈してはならない」と規定しています。本事例のように高齢者本人が通報や相談することに同意していない場合であっても、本人の同意なく通報に係る高齢者の個人情報を第三者である高齢者虐待通報窓口の地域包括支援センターに伝えることは、個人情報保護法に違反することにはなりません。逆に、通報として対応がされなければ、本人の同意なく第三

者へ提供することは、個人情報保護法や守秘義務に違反する行為になりかねません。高齢者虐待防止法に基づく通報として扱うことにより、個人情報の第三者への提供が法律に基づく正当な理由として例外規定（個人情報23①）に該当することを知っておくことが大切です。

2　高齢者虐待防止法に基づく通報段階における本人の意思尊重の捉え方

　高齢者虐待防止法に基づく対応の基本的視点として、高齢者の意思を尊重した対応が求められます。しかし、法律上は通報において高齢者自身の意思の尊重が明文化されてはいません。これは、前提として「虐待に対する『自覚』は問わない」と考えられているからであり、「客観的に高齢者の権利が侵害されていると確認できる場合には、虐待の疑いがあると考えて対応すべき」と考えられているからです（厚労省マニュアル20頁）。もちろん、「高齢者が通報することを嫌がっている」という意思を受け止めて対応することは大切です。そのため、通報の際に高齢者自身の思いを伝え、その後の対応方法を工夫していきます。

　高齢者虐待対応においては、本人の意思に基づく自己決定権を尊重すべきか、本人の意思に反しても安全確保を優先すべきか悩む場面があります。高齢者自身の意思を尊重した対応を基本としますが、虐待は生命・身体・財産に重大な危険が生じるおそれのある行為です。そのため、まずは高齢者の安全確保を優先する対応が求められます。高齢者自身が虐待対応を望まない場合であっても、現に生じている客観的な状況や予測される危険性等を丁寧に説明し、できる限り理解できるように促すことは、支援者に求められる対応です。

3　通報後は市町村等が行う「事実確認」へ協力

　高齢者が他機関等への相談や虐待対応を望んでいない場合、高齢者

や家族と事業所との関係性が悪くなるのではないかなど、通報へのためらいや、通報後の関わり方に不安を持つこともあるかと思います。そのような中で、市町村や地域包括支援センターから虐待対応における事実確認への協力や今後の方針等支援を検討する会議への出席を求められた際、高齢者や家族の同意も得ていない中で事業所が業務上知り得ている情報を提供することに、個人情報保護の観点から問題はないのか不安になるのではないでしょうか。

　市町村等が行う「事実確認」は、高齢者虐待防止法9条1項に基づく、市町村等にその義務が課せられた事務になります。つまり「法に基づく対応」に該当しますので、市町村等は関係機関に対して法的根拠に基づく情報照会を行っていることになります。さらに、施設・事業所等は市町村等が行う「事実確認」に協力することが求められているため、情報提供に関して本人の同意を得ることが難しい場合であっても、個人情報保護法の第三者への提供の例外に該当するため、本人の同意なく提供することができます。

　同様に、虐待行為は高齢者本人の生命、身体、財産の保護が必要な状態であるため、そのような場合は「個人情報保護法第23条第1項第2号（人の生命、身体又は財産の保護のために必要がある場合であって、本人の同意を得ることが困難であるとき）に該当するものとして、高齢者本人の同意が得られなくても、関係機関に情報提供を行うことが可能」です（個人情報保護委員会事務局・厚生労働省「『医療・介護関係事業者における個人情報の適切な取扱いのためのガイダンス』に関するQ＆A（事例集）」（平成29年5月30日）Q4-16）。

　施設・事業所において、高齢者虐待対応に協力するに当たっての個人情報や記録、情報提供のあり方等について、取扱いに関する規程等を定め、根拠ある対応をいつでも、誰でも行えるようにしておくことも大切です。

弁護士の アドバイス	個人情報保護法例外規定（16条、17条、23条）

　高齢者虐待防止法7条は、養護者による高齢者虐待に係る通報等については高齢者の同意は要件にしていませんし、同条3項は「刑法（明治40年法律第45号）の秘密漏示罪の規定その他の守秘義務に関する法律の規定は、前2項の規定による通報をすることを妨げるものと解釈してはならない。」と規定し守秘義務を解除しています。すなわち、養護者による高齢者虐待を発見した者は、高齢者の同意や許可の有無にかかわらず虐待相談や通報をすべきです。

　なお、個人情報保護法16条3項、17条2項、23条1項等は、本人の同意がなくても、①法令に基づく場合、②人の生命、身体又は財産の保護のために必要がある場合であって、本人の同意を得ることが困難であるとき、③公衆衛生の向上又は児童の健全な育成の推進のために特に必要がある場合であって、本人の同意を得ることが困難であるとき、④国の機関若しくは地方公共団体又はその委託を受けた者が法令の定める事務を遂行することに対して協力する必要がある場合であって、本人の同意を得ることにより当該事務の遂行に支障を及ぼすおそれがあるときは、個人情報の取扱い、取得（要配慮個人情報に限ります。）、提供ができると規定しています。

　以上から、高齢者虐待の事実を把握した者は、その通報や相談に際し、高齢者虐待防止法や個人情報保護法の例外規定の観点からも、高齢者の個人情報を提供した上での市町村への通報が許されているのです。

〔29〕　老人福祉法に基づく市町村権限行使への協力

相談内容　市町村から、老人福祉法に基づく「やむを得ない事由による措置」の入所受入れの相談がありました。被措置者は認知症があり、同居していた家族からの虐待を受けたとのことです。虐待者である家族は、高齢者が保護されることに納得していないとのことです。夜間や休日に家族が押しかけてきた際に、対応が難しいため受け入れるべきか検討をしています。断ることはできますか。

ポイント

① 　高齢者虐待防止法では、高齢者の保護のための施策に協力するよう努めることが定められています。

② 　市町村長に認められた権限行使による保護が必要な高齢者の状況を理解し、高齢者の権利擁護に必要な支援への協力を考えることが必要です。

回　答

1　高齢者虐待防止に向けた虐待対応協力機関としての役割

　養護者による高齢者虐待対応の責務は、市町村にあります。そして、対応における事務の委託を受けた地域包括支援センターは、虐待対応のコーディネート機関としての役割が期待されています。市町村及び地域包括支援センターが中核的な機関として位置付けられますが、高齢者虐待対応は、高齢者及び養護者への支援をチームで行うことが基本です。高齢者虐待防止法において、高齢者の保健福祉医療に職務上

関係のある者や関係機関等は「高齢者虐待対応協力者」として、養護者による高齢者虐待を受けた高齢者の保護や養護者支援を適切に実施するため、市町村と連携協力していくことが求められています（高齢虐待5②・9①・16）。

　高齢者の保護における協力としては、老人福祉法10条の4及び11条に基づく市町村が行う「やむを得ない事由による措置」の受託があります。これは、市町村長が高齢者の福祉を図るために必要と認める場合に行う権限行使の一つです。養護者による高齢者虐待から保護される必要があると認められる場合や、養護者の負担軽減を図るための支援が必要と認められる場合、契約による介護保険サービスを利用することが著しく困難な場合において、市町村が職権により介護保険サービスを利用させることができる規定です。

「やむを得ない事由による措置」のサービス種類

・訪問介護　　　・通所介護　　　・短期入所生活介護
・小規模多機能型居宅介護　　　・認知症対応型共同生活介護
・特別養護老人ホーム

　措置の際、虐待者の同意は必要とせず、措置先を虐待者に伝える必要はないとされています。高齢者本人の同意は事実上必要ですが、判断能力が不十分な場合には措置が可能とされています。また、本人が費用負担できない場合でも措置は可能です（平成15年9月8日開催全国介護保険担当課長会議資料6(3)計画課関係事項(3)「『やむを得ない事由による措置』について」、厚労省マニュアル60頁）。

　本事例にあるように、養護者が高齢者の保護に納得しておらず、保護先の施設からの連れ戻しの危険がある場合もあります。措置の受託に協力をする際は、高齢者に対する養護者等の面会制限（高齢虐待13）の必要性について、市町村と検討をしておく場合もあります。さらに、

万が一の事態に備え、養護者が面会を希望してきた場合の施設内の対応ルール等、措置への協力における対応手順を整理しておくことは大切です。

　市町村とは、日頃から協力連携体制について検討できる関係性を構築しておくことが必要です。市町村によっては、緊急性の高い状況に円滑に対応できるよう、管轄内の老人福祉施設等と措置に関する協定書を交わしていたり、施設長や生活相談員の連絡会で高齢者虐待や認知症等高齢者の保護に関する施策の説明や協力のお願いをしたり、工夫をしているところもあります。逆に、施設・事業所等から市町村へ協力連携体制の構築に向けて、提案をしているところもあります。

　生活相談員のミッションとして、地域における権利擁護の包括的支援体制構築の一つとしても、高齢者虐待の対応への協力を改めて考えておくことは重要です。

2　老人福祉法に基づく「やむを得ない事由による措置」の受入れ姿勢

　老人福祉法20条では、老人福祉法10条の4第1項の規定、同法11条の規定による委託を受けたとき「正当な理由がない限り、これを拒んではならない」と規定しています。さらに、介護老人福祉施設運営基準4条の2においても、「指定介護老人福祉施設は、正当な理由なく指定介護福祉施設サービスの提供を拒んではならない」と示されています。

　「正当な理由」については、介護老人福祉施設運営基準の解釈通知（平12・3・17老企43）では「提供拒否の禁止」について「原則として、入所申込に対して応じなければならないことを規定したものであり、特に、要介護度や所得の多寡を理由にサービスの提供を拒否することを禁止するものである。提供を拒むことのできる正当な理由がある場

合とは、入院治療の必要がある場合その他入所者に対し自ら適切な指定介護福祉施設サービスを提供することが困難な場合である」とされています。これに加えて、身元保証人等がいないことを理由に入所を拒否することはできないと改めて示されています（平30・8・30老高発0830第1・老振発0830第2）（詳細は〔3〕参照）。

　このように、予測される養護者への対応について十分に対応しきれないことは、措置の受託を断る正当な理由にはなりません。しかし、だからといって職員が不安な中で高齢者の保護に協力すること、他の利用者の安全配慮義務が果たせなくてもよいということではありません。大切なのは、施設だけが犠牲を払う前提ではなく、措置の実施者である市町村と受託機関である施設がそれぞれの責任の下、役割を果たせる体制を整えることです。

　先に述べた「面会制限」の検討もそうですが、特別な対応だけではなく、通常の対応でも可能なことはないか（例えば、高齢者を探しに来た養護者に対して「個人情報保護の観点から、入所しているとも入所していないとも言えない」などの対応）、夜間休日等の市町村の連絡先や被措置者（高齢者）の急変時等の連絡先や連絡方法等、措置を受け入れる際に十分協議をしておくことは、適切な支援の提供につながりますし、実際に介護を行う職員の安心感にもつながります。

　措置の受託に係る一連の対応は、施設長等の管理者だけではなく、多くは生活相談員等のソーシャルワーカーが関与していると思われます。施設内の受入れ態勢（職員の理解を得ることや被措置者の安心安全な療養環境の整備等を含みます。）にソーシャルワーカーが積極的に関与することは、虐待等の権利侵害を受けた高齢者の救済と権利擁護支援にとって欠かすことのできないミッションと捉えていきましょう。

参考資料
○高齢者の保護に際する自治体との協議事項

　老人福祉法に規定された「やむを得ない事由による措置」に限らず、高齢者の保護に協力する場合、受入れに当たり事前に市町村と協議しておくとよい事項例を参考までに紹介します（介護に当たり必要な一般的なアセスメント項目は省略します。）。

　それぞれの事項について「今までの状況」「現時点の状況」「今後の見通しや予測されるリスクなど」「それぞれのお願いしたいこと」の視点で情報を整理して考えるとよいでしょう。

協議事項例	具体的内容 （「今までの状況」「現時点の状況」「今後の見通しや予測されるリスク」「お願いしたいこと」の視点で整理）
本人に関すること	意思・意向、身体状況、精神状況、生活状況、経済状況、家族・親族状況等
養護者に関すること	意思・意向、高齢者への思い、心身の状況、生活状況、行動特性等
連絡に関すること	市町村との連絡方法、夜間・休日の対応等
支払に関すること	利用料等の請求、金銭預かり等
必要物品に関すること	・措置利用時に持ち込むもの（薬、現金、保険証関係、キャッシュカードや預金通帳、貴重品、当面の衣服や日用品、電話帳等） ・今後必要となると考えられるもの（衣服や日用品、嗜好品等）

（公益財団法人 東京都福祉保健財団「区市町村職員・地域包括支援センター職員必携 高齢者の権利擁護と虐待対応 お役立ち帳 令和2年5月改訂版」106頁を参考に作成）

弁 護 士 の アドバイス	面会制限、面会の権利

　「やむを得ない措置」がとられた場合、市町村長又は当該措置に係る養介護施設の長は、養護者による高齢者虐待を行った養護者について当該高齢者との面会を制限することができます（高齢虐待13）。高齢者虐待防止法には、どのような場合に面会制限を行うことが適切かという要件は明記されていませんが、高齢者の意思や心身の状況、養護者の態度等から、養護者と面会することによる生命や身体の安全への危険性や弊害も考慮し、総合的に検討することになります。

　また、この面会制限は、裁判所の手続を経ないで可能であること、面会制限の期間に制限がないため面会制限の必要性が認められる限り面会制限の継続が可能という点に大きな特徴があります。面会制限は、虐待者との関係を物理的に絶つことから虐待防止のためには極めて有効な手段ですが、一方で、家族間の交流を行政が断つという側面もあることから、虐待対応としての面会制限（期間制限）の実施や面会期間の継続の判断は、行政の担当部署の管理職が出席する会議によって組織判断することにより慎重に行う必要があります。

　さらに、虐待対応の初期において面会制限を実施した場合であっても、本人と養護者と交流再開（面会制限の解除）に向けた検討は常にしなければなりません。特に、高齢者が危篤状況になった場合には、養護者との面会制限は解除すべきでしょうし、面会制限の全面解除ではない一部解除（入所施設については秘匿しつつ、公務所等の第三者施設における面会時間を限定した面会の実施等）の実施については積極的に検討する必要があると思います。

　なお、高齢者本人が虐待者であった養護者との面会を望んだ場合、本人の意思を尊重しつつも早期の面会制限解除によって虐待阻止・予防の効果が損なわれないように、その解除については慎重に検討することになります。

〔30〕　家族から他の親族等との面会拒否の申出があった場合

相談内容

　高齢者は認知症があるため、入所者契約には長女が関わっています。この長女から「自分以外の面会者に、母を会わせないでほしい」と申出がありました。本人には長女のほかに、次女と三女がいます。費用の支払も、通院介助も日用品の対応も全て長女が行ってくれているので、契約者として長女の意向を尊重して、面会拒否をすべきでしょうか。

ポイント

①　高齢者本人の意向を確認の上、原則、高齢者の意思を尊重した対応が求められます。

②　本人の面会に関する意向を確認せず、又は高齢者の意思を無視した一方的な要求に応じて面会を制限した場合、養介護施設従事者等による高齢者虐待に該当する場合があります。

回　　答

1　高齢者本人の面会等の意向を確認した上での対応

　面会に関する権利は、本人にしかありません。本人が誰に会いたいと思っているのか、又は会いたくないと思っているのか。どのように会いたいのかなどは、本人にしか決める権利はありません。そのため、家族が「高齢者のためだから」と言っている場合であっても、本人の意向に反するような対応は、望ましくありません。事例によっては、本人が会いたい人に第三者が会わせないようにすることは、高齢者虐

待の心理的虐待に該当する場合もあります。

　しかし、中には面会者が高齢者本人の権利を侵害するような関わりを行おうとしている場合もあります。施設からの連れ去りや、書類を持参し、判断能力の低下があるような認知症の高齢者にサインをさせ、本人の合意がない中で、財産の処分等を行おうとするなどが考えられます。そうした危険性がある場合は、家族の要望だけではなく、施設が負う安全配慮義務の観点から、施設として面会の可否を慎重に判断する必要も出てきます。そのようなリスクが想定される中で、高齢者が面会を希望している場合は、高齢者本人に面会方法（施設職員が立ち会うなど）や場所（居室ではなくデイルーム等人の目があるところ等）等を相談しながら安全な面会の機会を作る工夫も必要です。

　認知症等により判断能力の低下がある場合でも、本人の意思・意向を丁寧に確認するとともに、高齢者の意思決定支援を施設でのケアチームが行っていく必要があります。面会に関する意思を確認する場合には、「今、誰に会いたいか又は会いたくないか」だけではなく、「どんなときに誰と会いたいか又は会いたくないか」など、本人が「会いたい（会いたくない）」と思う場面や状況、その時の相手などを具体的に把握することがポイントです。

　施設側の工夫だけでは高齢者に対する権利侵害を防止することが難しい場合は、高齢者虐待に準じた対応が求められる場合もありますので、市町村の高齢者虐待通報窓口や地域包括支援センターへの相談も検討します。

　施設入所者に対する家族等による虐待のおそれについては、その背景に家族間の争い（相続や金銭をめぐるもの等）が考えられる事例も多く、相談を受け付けた市町村や地域包括支援センターでは「家族の問題には関与できない」などの捉え方をする場合もあるかもしれません。ただし、その家族間に生じている争い等に高齢者が巻き込まれて

いる結果、高齢者に対する権利侵害が生じている可能性があるのであれば、未然防止と悪化防止の視点から権利擁護支援の必要性を確認する必要はあります。

　高齢者の状況によっては、成年後見制度の活用により家族間に生じている問題で高齢者自身が解決できないようなことが、成年後見人等の法的な代理人の登場により権利行使ができるようになったり、今後生じる可能性のある権利侵害を防止したりすることにつながります。

2　本人の意思を無視した面会拒否の対応は、虐待に該当するおそれ

　一方で、施設側が本人の意向を確認せず、意思を尊重する努力や工夫も行わない状況で家族の一方的な要望に応じることは、養介護施設従事者等による高齢者虐待の心理的虐待「面会者が訪れても、本人の意思や状態を無視して面会させない」（厚労省マニュアル8頁）に該当する可能性があります。

　面会拒否を要求する家族に対して、本人の意向を確認する必要があることを説明し、他の面会者の面会を拒否する理由を聞く対応は必要です。本人に意向を確認すること自体を拒否したり、周囲が納得できる理由とはいい難かったりするような場合は、「養介護施設従事者等による高齢者虐待」を自分たちがしてしまう可能性があるため、高齢者虐待防止法に基づく施設の責務として、高齢者の意思・意向の確認を行う必要があることを粛々と説明して理解を求めましょう。

〔31〕　市町村から「養護委託」について相談された場合

相談内容　　　介護老人保健施設のため、老人福祉法の規定による市町村の「措置」の対象サービスではないはずですが、市町村から「家族から分離保護する必要のある高齢者を受け入れてくれないか」と相談がありました。当該高齢者は褥瘡があり、医療処置が必要ですが、家族による必要なケアを行えず悪化し続けています。認知症により本人契約が難しいことから、当施設にこの高齢者の養護を委託したいということです。介護老人保健施設への「養護委託」とは何ですか。

ポイント

① 老人福祉法11条1項3号「養護受託者への委託」を用いて、介護老人保健施設や医療機関等の法人・団体の長へ高齢者の養護を委託することができます。
② 「養護受託」の委託に協力する場合、市町村と十分な協議を行い対応することが大切です（運用は市町村により異なる場合が多いです。）。

回　答

1　「やむを得ない事由による措置」同様、市町村が本人の福祉を図るための保護の方法の一つ

　高齢者虐待等の理由により、居宅での生活を継続することが困難になる高齢者の中には、保護する時点で医療的ケアやリハビリテーショ

ンが必要な状態の方もいます。そのような方の保護先を検討する際、老人福祉法に規定された養護老人ホームや特別養護老人ホーム等の生活施設では、必要なケアが提供できない場合があります。しかし、本人の契約能力が十分ではなく、虐待者以外に頼れる家族等がいない場合など、介護保険や医療保険制度によるサービス提供が困難な状況が生じている際、「やむを得ない事由による措置」のように市町村の関与による保護を検討しなければならない状況があります。

　このような状況で検討されるのが、老人福祉法11条1項3号「養護委託」の規定による保護的対応です。この規定は「65歳以上の者であって、養護者がないか、又は養護者があってもこれに養護させることが不適当であると認められるものの養護を養護受託者（老人を自己の下に預かって養護することを希望する者であって、市町村長が適当と認めるものをいう。）のうち政令で定めるものに委託すること」とされています。市町村はこの規定を用いて、「養護受託者」として医療機関や介護老人保健施設等の法人・団体の長に高齢者の養護を委託して、高齢者の保護に協力を依頼します。

2　養護を受託するに当たり市町村と十分な協議を行う必要性

　この規定の運用については、各市町村の老人福祉措置規則等に定められていますが、「養護受託者」というように「自然人」への委託を前提として考えられていることが多く、法人等の団体の長への委託に適さない運用規定になっていることが想定されます。適切な運用ができるよう、規則や要綱等を改正する動きがある市町村もありますが、未整備の市町村が多いのも現状です。

　市町村から「養護受託者」への協力依頼があった場合は、施設・法人として受託の可否を検討することになると思われます。しかし、支援相談員として、保護が必要な状況に置かれている高齢者やその家族

に視点を向け、虐待等により生じている尊厳が侵されている状況から救済の実現に向けて、どのような協力が可能かについて考え、組織に提案していくことも大切な役割です。介護老人保健施設は、地域包括ケアにおける在宅復帰・在宅療養支援機能を持つ地域の拠点機関という重要な役割があります。その果たすべき役割の一つの側面として、地域の高齢者の尊厳を保持し、可能な限り住み慣れた地域で安心して生活することができるよう、協力体制を考えていきましょう。

3　市町村が行う保護に協力したことによる不安への対応

　養護委託への協力が依頼される事例としては、養護者による高齢者虐待を受けている高齢者の保護事例が想定されます。保護を受け入れる施設が不安に思うことは、例えば、受け入れた高齢者の容態変化や増悪期の家族等への対応や必要な説明について、どのような対応になるかということではないでしょうか。また、施設に家族が訪ねてきて、高齢者を連れ帰ろうとする事態への不安があるかもしれません。

　「養護受託者」になることは、老人福祉法に規定された市町村が行う施策へ協力することになります。高齢者虐待防止法5条2項では、「高齢者虐待を受けた高齢者の保護のための施策に協力するよう努めなければならない」と規定されています。したがって、高齢者虐待事例の場合、この二つの法律を根拠に協力をすることが考えられます。

　家族への対応の窓口は養護委託をしている市町村であることが適切と考えられます。また、施設は養護委託の受託機関であると同時に高齢者虐待防止法上では、虐待対応協力機関の一つに当たります。そのため、虐待対応の支援計画上求められている役割分担の一つとして、業務を遂行していることにもなります。

　このように、法的な位置付けによる協力であるため、家族からの不当な要求や苦情等が生じた場合であっても、根拠を持った説明ができ

ます。

　家族の面会に関する不安についても、考え方は同じです。高齢者虐
待防止法に基づく対応の一環である場合、家族による連れ去りや面会
時に高齢者に対する危害等が予測される場合は、面会制限を行使する
ことが可能です。これは、養護者による高齢者虐待の場合に付与され
ている、市町村の面会制限です。この権限が行使できるのは、老人福
祉法11条1項2号又は3号の措置がとられた場合と規定されています（高
齢虐待13）。このように、面会制限についても法律に明記された市町村
による判断に基づく根拠ある対応です。

　しかし、権限行使に消極的になることも考えられます。まずは、養
護者に対する面会に関する本人の意思・意向を確認することが大切で
す。そして、市町村との話合いの中で、入所後に連れ去りのリスクや
面会時の本人及び他の入居者のケアへの影響がある場合などは、市町
村による面会制限の必要性が検討されるように声を上げることは必要
です。

〔32〕　家族による「身体拘束」と思われる事例に対応する場合

相談内容　月1回数日間、定期的にショートステイを利用する認知症の利用者がいます。自宅ではおむつ外しを防止するために、いわゆる「つなぎ服」を着用しており、ショートステイ初日も着てきます。つなぎ服は「身体拘束」に当たるため、家族へ説明をして、利用中は別の衣服を着用して過ごしていただきます。自宅に戻るときは、着てきた衣服でお帰りになるため「つなぎ服」を着て帰られます。自宅での「つなぎ服」の着用は、身体拘束にならないのでしょうか。

ポイント

① 　「緊急やむを得ない場合」以外の身体拘束は、養護者による高齢者虐待、養介護施設従事者等による高齢者虐待いずれも虐待に該当する行為です。

② 　身体拘束は、介護保険指定基準で禁止されているか否かにかかわらず、基本的人権の一つである「人身の自由」を奪う行為のため、原則禁止されている行為であることを理解しましょう。

回　答

1 　「緊急やむを得ない場合以外の身体拘束」に該当する可能性

　高齢者虐待防止法では、高齢者をベッドや車いすに縛りつけるなど身体の自由を奪う行為である身体拘束について、明文化していません（高齢虐待2）。しかし、身体拘束は憲法に規定された基本的人権の一つ

である「人身の自由」を奪う行為（憲18）であり、「高齢者が、他者から
の不適切な扱いにより権利を侵害される状態や生命、健康、生活が損
なわれるような状態に置かれることは許されるものではなく、身体拘
束は原則として高齢者虐待に該当する行為」として考えられています
（厚労省マニュアル96頁）。

　介護保険制度開始時から、介護保険施設においては介護保険指定基
準において、身体拘束は「サービスの提供に当たっては、当該入所者
（利用者）又は他の入所者（利用者）等の生命又は身体を保護するた
め緊急やむを得ない場合を除き、身体的拘束その他入所者（利用者）
の行動を制限する行為を行ってはならない」と禁止されています（介
護老人福祉施設運営基準11④）。

　平成30年には介護事業所における身体的拘束等の適正化が強化さ
れ、身体拘束廃止未実施減算の対象範囲がそれまでの施設系サービス
に加え居宅サービスや地域密着型サービスの一部まで拡大されまし
た。さらに、減算の要件は身体拘束等を行った場合に限られるわけで
はなく、身体拘束を未然に防ぐための取組を実施しているかどうかが
対象となりました（身体拘束等を実施する場合の記録、身体拘束適正
化のための対策検討委員会の開催及び職員へ結果の周知徹底、身体拘
束等適正化のための指針の整備作成、身体拘束等適正化のための研修
の定期的な実施）。

　本事例のショートステイ＝短期入所生活介護（短期入所療養介護）
は身体拘束廃止未実施減算の対象ではありませんが、介護保険指定基
準により「入所者（利用者）等の生命又は身体を保護するため緊急や
むを得ない場合」以外の身体的拘束が禁止されています（居宅サービス
等事業運営基準128④・146④）。自宅での「つなぎ服」の着用目的が高齢者
自らのおむつはずしの防止であり、これは身体拘束の具体例（厚生労働

省身体拘束ゼロ作戦推進会議「身体拘束ゼロへの手引き」平成13年3月）に挙げられている行為例の一つです。

　養護者による身体拘束においても、「緊急やむを得ない場合」に該当する例外3要件（「切迫性」「非代替性」「一時性」）を全て満たし、かつ、それらの要件の確認などの手続が極めて慎重に実施されているケースに限られます。判断は個人判断ではなく、サービス担当者会議等のチームで検討を行います。たとえ例外的に認められる場合であっても、拘束の方法は最小限にとどめ、その態様及び時間、その際の利用者の心身の状況、緊急やむを得なかった理由を記録しなければなりません。拘束の解除に向けて、日々の心身の状態等の観察、拘束の必要性や方法に関わる再検討を行うごとに逐次その記録を加えるとともに、それについて情報を開示し、ケアスタッフ間、チーム全体、家族等関係者の間で直近の情報を共有します。

　本事例のショートステイの事業所では、宿泊中はつなぎ服の着用がなくても本人に必要な介護が提供できる（代替方法がある）ため、不必要な身体拘束はしない介護を行うことができています。しかし、これまで在宅支援チームで「つなぎ服着用」について検討したことがなければ、送迎時に自宅でつなぎ服を着せている事実を把握した段階で、ケアマネジャーにその事実を報告し情報を共有する必要があります。そして、高齢者のアセスメントと自宅での介護の様子をモニタリングし、在宅支援チームで「緊急やむを得ない場合に該当する身体拘束」に該当するかについて早急に検討をします。

　身体拘束の事実を知りながら、適正な手続を踏まず、更にサービス終了時につなぎ服を着せて自宅へ帰す対応は、養護者による身体的虐待のほかに、ショートステイ事業所による身体的虐待にも該当する可能性があります。そのような場合は、市町村や地域包括支援センター

に高齢者虐待防止法に基づく相談・通報をしていきます。

2　身体拘束をしない介護を目指す家族支援の視点

　身体拘束は、しばしば介護をしている家族からの要望（要求）で開始することが少なくありません。

　在宅介護の状況は様々です。家族が不在の間、家族による高齢者の見守りや声掛けができなくなる、一人にしておくのは心配なので介護保険等サービスを増やして利用したいが、経済的負担が大きくなり利用ができない。結果、誰もいない→高齢者が一人で歩いて転倒するかもしれない→誰かが自宅に戻るまでの間、車いすにベルトをして一人で立てないようにしておく、というように悪気はなく「高齢者が転ばないように安全のため」という理由で始めることがあります。

　また、「今回だけなら、今日だけなら、少しの時間だけなら大丈夫」というように、始まりのきっかけはちょっとしたことであっても、それが「次も、明日も、もう少し……」と徐々に常態化してしまっていることもあります。

　一方、これ以上家族が付きっきりで世話をすることは無理であり、介護者が心身共に追い詰められた状態で、現状の介護に限界を感じて身体拘束を一つのケアの方法として始めることもあります。このようなケースでは、もちろん身体拘束はしてはならない行為ですが、身体拘束に頼るしかないと感じている家族の思いを一度は受け止めることも大切です。その上で、身体拘束による行動の制限がもたらす弊害や悪循環について丁寧に説明し、高齢者にとっても介護者にとっても安心な環境を整えていくための方法を一緒に考えていくことができるよう、生活相談員が家族支援として関わることも期待されます。

弁 護 士 の アドバイス	身体拘束の違法性

　いわゆる「身体拘束」は、「衣類又は綿入り帯等を使用して、一時的に当該患者の身体を拘束し、その運動を抑制する行動の制限」をいいます（昭63・4・8厚告129）。この「身体拘束」は、原則として全て養護者ないし養介護施設従事者等による「高齢者虐待」（身体的虐待）に該当します。すなわち、あくまでも「身体拘束」は、例外要件に当たる場合に限って高齢者虐待に該当しないと解されているにすぎません。高齢者本人に行動の自由がある以上、たとえ親族であってもその自由を違法に制限することはできません。仮に、「身体拘束」が高齢者の生命・身体の安全確保の方法として事実上有効な方法として選択肢として考慮し得たとしても、それは、所詮は「高齢者本人の権利を無視して介護手段の便宜だけを考慮したもの」にすぎないため、「緊急やむを得ない場合」に該当する例外3要件（「切迫性」「非代替性」「一時性」）を満たし、かつ、それらの要件の確認等の手続が極めて慎重に実施されていない限りは違法行為になります。

　「身体拘束」が違法と判断される場合、養護者には不法行為による損害賠償責任（民709）が生じますし、介護施設についても債務不履行責任（民415）ないし不法行為責任が生じます。具体的には、高齢者に対して慰謝料や身体拘束自体によって怪我等があれば治療費も支払わなければならないことになります。

　また、「身体拘束」は、監禁罪（刑220。3か月以上7年以下の懲役）に問われる可能性もあります。

〔33〕　市町村から「面会制限」への協力依頼があった場合

相談内容　　　同居の息子さんから虐待を受け、一時的に離れる必要があるため、市町村から短期入所生活介護を早急に利用できるように調整してもらいたいと相談がありました。高齢者本人は「デイサービスと同じ施設なら行ってもいい」と言っています。利用契約には、別居の娘さんが協力してくれるということです。しかし、息子さんは高齢者の居場所を特定しやすく、施設からの連れ帰りの危険性が高いため、施設の方で「面会制限」を行ってほしいと市町村から依頼がありました。「面会制限」は施設が行う必要がありますか。

ポイント

① 　高齢者虐待防止と虐待を受けた高齢者の保護の観点から、介護施設長等による施設管理権に基づく面会制限をする場合があります。
② 　面会制限の解除に向けた、段階的解除の考え方や方法について知り、利用者の安心・安全な生活環境を整えるようにします。

回　答

1　施設管理権による面会制限

　高齢者虐待防止法13条では、「養護者による高齢者虐待を受けた高齢者について老人福祉法第11条第1項第2号又は第3号の措置が採られた場合においては、市町村長又は当該措置に係る養介護施設の長は、

養護者による高齢者虐待の防止及び当該高齢者の保護の観点から、当該養護者による高齢者虐待を行った養護者について当該高齢者との面会を制限することができる」とされています。

　つまり、市町村が特別養護老人ホームへの入所措置及び養護委託を行った場合に、市町村長又は養介護施設の長は虐待を行った養護者について面会を制限できると定めています。

　一方、特別養護老人ホームへの入所措置以外の「やむを得ない事由による措置」のサービス種別での分離保護（短期入所生活介護、認知症対応型共同生活介護、小規模多機能型居宅介護）に対しては、高齢者虐待防止法による面会制限の定めはありません。

　しかし、本事例のように契約入所であっても、養護者からの連れ帰りなどの可能性がある場合、高齢者の保護を円滑に行うため養護者に対する面会制限を行う必要性があります。そのような場合は、市町村が行う虐待対応に協力をする形で、施設長や管理者による施設管理権に基づく面会制限を行うことができます。

　高齢者虐待事例において施設管理権に基づく面会制限を行う場合の留意点としては、面会制限の必要性を判断し、権限の行使を決定するのは市町村であるということです。実際に制限する権限を有しているのは、高齢者の保護に協力している施設ではありますが、高齢者虐待防止法に基づく対応責務のある市町村と十分協議をしながら対応するようにしましょう。

　そのため、市町村から面会制限の依頼があった場合は、市町村と施設の役割を明確にして、連携していく体制は必須です。

2　面会制限の解除に向けた対応への協力

　面会制限は、高齢者虐待対応の終結まで継続するわけではありません。ある意味、制限をかけたと同時に、解除に向けての検討も開始さ

れるイメージを持っておくことが大切です。もちろん、高齢者本人の
「○○には会いたくない」という明確な意思が継続していれば、本人
の意思を尊重した対応を行います（本人の意思に基づく対応）。また、
あらゆる養護者支援を行っても、安全な面会の実現が難しく、継続し
た制限が必要な事例もあります。

　しかし、面会を拒否するような本人の明らかな意思が確認されず、
また面会を制限する理由や目的（高齢者の連れ帰りや権利侵害が生じ
る可能性等）が客観的になくなっている場合は、適切なタイミングと
方法で制限を解除していくことが求められます。

　解除の時期や方法については、個別に異なりますが、最初から全面
的な制限の解除ではなく、段階的な解除を検討する傾向が見られます。
例えば、面会できる時間や場所（施設を秘匿する必要がある場合、役
所等別の場所での面会もあり得ます。）の設定、立会い者の選定、面会
時に持ち込める物の条件や面会時に大きな声を出さないなど面会者の
態度に関する条件、高齢者の体調等により中止もあり得るなど、面会
時の約束事を決める方法があります。その約束が守れているか、面会
中や面会後の高齢者の様子や状況等を評価して、次の面会に進むなど
段階的に約束事を緩和し、つまり面会の制限を徐々に解除していくな
どの検討が考えられます。

　このような面会制限の解除に向けての高齢者を受け入れている施設
としての協力は、面会場所や立ち会う職員の協力、モニタリング会議
への参加等の協力が考えられます。面会制限を解除していくことに、
高齢者のケアを行っている施設・職員として不安に思うことはあるで
しょう。職員の不安が払拭されない状態での面会は、高齢者にとって
も不安が残る対応になる危険があります。少しでも不安を緩和し、安
心できる面会が実現できるよう、市町村と密に連携を図り協力してい
く姿勢を持ちましょう。

| 弁護士の
アドバイス | 面会制限の法的根拠 |

　面会制限には、高齢者虐待防止法13条に基づく面会制限のほか、施設の長や管理者による施設管理権に基づく面会制限の2種類があります。後者の施設の長による施設管理権に基づく面会制限とは、簡単に言えば、自ら管理する施設内へ誰を入場させるかあるいはそれを許さないかを決める権限のことです。

　例えば、スーパーであれば、商品の万引き目的で店舗に入ろうとする人物がスーパー内へ立ち入ることは、当然ながら許さないでしょう。これと同じで、介護施設を管理する施設の長や管理者は、自ら管理する介護施設内において利用者を連れ去ろうとしたり介護職員に暴言あるいは暴力を働こうとしたりするなどの問題行動を起こすつもりの養護者に対しては、最初から施設内に立ち入ることは「許さない」はずです。この「許さない」という判断を適法とする法律上の根拠となるものが、「施設管理権」です。

　したがって、施設管理権者による施設への立入りを認めないという判断を無視して施設内に立ち入ろうとする養護者には、建造物侵入罪（刑130前段）が成立します。また、施設の長や管理者が問題行動を起こすつもりの養護者の立入りに気付かずに、一旦は施設への立入りを許した後に改めて養護者に対して施設からの退去を求めた場合、養護者が退去要求に従わない場合は養護者に不退去罪（刑130後段）が成立します。この施設管理権の行使による面会制限の判断は、①高齢者虐待防止法に基づく対応としての場合は市町村による判断を根拠としますが、②施設が利用者の意向を受けた場合、あるいは、養護者の問題行動を未然に阻止し施設の円滑な運営を確保するための必要な対応としての面会制限の場合は施設の長や管理者による施設管理権の行使という判断そのものを根拠としています。

〔34〕 家族から「身体拘束」の要望がある場合

| 相談内容 | 骨折により入院していた方が、施設へ入所して
きました。入院中、身体拘束（4点柵か抑制帯）を
されていたので、家族から「入所後も継続してほしい。入院中の
主治医からもそうした方がいいと言われている。転倒して、また
骨折をしたらかわいそうなので、お願いします。」と要望が出てい
ます。医師の指示も出ているようですし、退院後しばらくの一時
的であれば、問題ないでしょうか。

ポイント

① 「緊急やむを得ない場合」に該当する身体拘束かどうかの判
断は、極めて慎重に行います。
② 「家族の同意」や「医師の指示」があれば、例外が認められ
るわけではありません。

回　答

1 「緊急やむを得ない場合」の身体拘束の要件

　身体拘束は「人身の自由」を侵害し、尊厳を傷つける行為のため、
原則行ってはいけません。しかし、ケアの工夫のみでは十分対処しき
れない場合に、例外的に認められるとされています（「身体拘束」に関
する基本的知識については、〔32〕参照）。

　「緊急やむを得ない場合」に該当する、例外の3要件（切迫性・非代
替性・一時性）を全て満たす状況にあること。かつ、「緊急やむを得な
い場合」に当たるかの判断を組織全体で行うこと。また、そのルール
や手続をあらかじめ定めておくこと。利用者本人や家族等へ、身体拘

束の内容、目的、理由、時間帯等できるだけ詳細に説明し、十分な理解を得るようにすること。たとえ拘束を行う場合であっても、常に「緊急やむを得ない場合」に該当するかを観察、再検討し、要件に該当しなくなった場合には直ちに解除する（一時的に解除し、状態を観察するなどの対応を行う）など、手続面においても慎重な取扱いが求められています。さらに、「緊急やむを得ず身体拘束」を行う場合には、その様態及び時間、その際の利用者の心身の状況、やむを得なかった理由を記録しなければなりません（厚生労働省「身体拘束ゼロへの手引き」平成13年3月）。

2　「家族からの同意」をもって例外要件の省略は不可

　本事例のように、「転倒が怖い」「骨折したらかわいそう」と、安心にそして安全に過ごしてほしいと思うことは、当然のことです。サービスを提供する事業所としても、利用者が安心・安全に生活することを願い、日々工夫をしながら一人一人の生活を支えていくことを日々実践されています。

　しかし、誰もがそう願うから、安全のためと思って家族が希望しているし、同意しているからと、安易に身体拘束を行おうと考えてしまったら、一旦立ち止まる必要があります。

　介護の専門職として、プロとしてすべきことは何か。高齢者の尊厳を守る立場にある者の使命は何か。身体拘束による弊害の発生や、悪循環について、家族へ丁寧に説明し理解を得るように働きかけることができるのが、介護・福祉の専門家です。

　まずは、ケアの工夫により、家族が心配していること（本事例であれば「転倒すること」）をなくしていけないかを考えることです。そのためには、その利用者のことをよく知り、知るために情報を集め分析することが重要です。その時に役立つのが「リスクマネジメント」の考えです。リスク＝危険ではなく、リスクを「目的遂行の阻害要因」

と捉える必要があります。歩くこと＝危険＝リスクと考えてしまう
と、そのリスクをなくす方法は「歩かないこと」になります。これで
は、自立支援どころか、心身機能を衰えさせるケアを提供することに
ほかなりません。

　本事例の高齢者が抱えるリスクは、「安全な歩行（移動）」を阻害す
る要素である「転倒するかもしれない」ということです。では、どう
したら転倒を防止できるのか。転倒の要因は、歩行のふらつきであっ
たり、杖をうまく使えないことであったり、自ら移動するときにサポ
ートを呼べないことであったりと、様々です。個別に心身の機能を評
価して、状況を把握することが必要です。これらの評価は、実際に介
護職や看護職、リハビリのセラピストが行えばよいのではなく、生活
相談員が把握する情報も必要です。サービス利用開始時期だからこそ
特に、これまでの生活状況や家族関係、サービスの利用状況や趣味・
嗜好など、詳細かつ多様な情報が必要になります。その情報を収集で
きるのが、入所調整を行う生活相談員ではないでしょうか。それらの
基本的情報を基に、実際に日常の介護・療養を担当する介護等職員が、
具体的なケアの方法を考えるに当たり、更にアセスメントをしていく
ことになります。

　「身体拘束」を考える必要があるということは、おそらく利用者自
身では、危険予測や危険回避を行うことが難しい状況があるのでしょ
う。例えば、ふらつくことの認識が曖昧、車いすのブレーキがかかっ
ていない不安定な状態から立ち上がろうとしてしまうなどがあるかも
しれません。その背景には、もちろん認知機能の低下や下肢筋力の低
下などの要素があることは想定されますが、その根底にもともと散歩
が日課だった、マラソンが好きだった、一人でじっとしているのは苦
手だったなど、これまでの生活スタイル、生活様式の中で、その人に
とって当たり前だったことをしようとしていることがきっかけである
ことも十分考えられます。だからこそ、介護が必要になった「今」の

その人の状況を知ることだけではなく、その人の「これまで」についても目を向け、そして「これから」を考えていくことができるような視点で、その人を知ることが大切です。ケアの工夫は介護職だけでは限界があります。ぜひ、多職種チームで様々な可能性を考えていけるように、生活相談員が積極的にチームをコーディネートしていきましょう。

3　「医師の指示」はあくまでも「専門的意見」の一つ

　介護施設等では「身体拘束」は禁止されていますが、医療機関での「身体拘束」を禁止する法律や規定はありません。もちろん、基本的人権を侵害する行為であることは同じですが、治療に必要な対応として行われているのが現状です。しかし、これは治療方法を決める「医師の指示」だから一律に許されているわけではありません。医療機関においても「身体拘束廃止」に積極的に取り組んでいるところもあります。

　受傷直後や手術後など、生命・身体・健康を守るため、どうしても他の方法がとれず、一時的な治療目的で一定程度の身体拘束と同じような拘束を行う場合があります。つまり、「切迫性」「非代替性」「一時性」を満たす状況の場合です。本事例のように、入院中行っていた身体拘束の目的は何なのか。主治医の指示は、「一つの意見」としては適切に取り扱う必要がありますので、その指示の詳細を確認します。「関節の可動域を制限する必要があと○週間必要であるから（一時性の検討）、それまではできるだけ関節を固定しておく必要がある。しかし、本人は認知機能の低下により、関節を動かす範囲を意識しながら動くことが不可能で、もし制限以上に動かしてしまうと○○が外れてしまい、再手術が必要になる（切迫性の検討）」といったことを確認します。しかし、「動かさないようにすること」が、身体を抑制帯で拘束すること以外にできないか、ケアを工夫することで他の方法がとれないかを、

退院後の施設で改めて検討することが求められます（非代替性の検討）。

　このように「医師の指示」を正しく受け止め、「医師の指示＝例外に該当」と考えず、個別事例で判断していくことが必要です。

弁護士の アドバイス	「身体拘束」は「身体的虐待」に該当

　いわゆる「身体拘束」は、「衣類又は綿入り帯等を使用して、一時的に当該患者の身体を拘束し、その運動を抑制する行動の制限」をいいます（昭63・4・8厚告129）。この「身体拘束」は、原則として全て養護者ないし養介護施設従事者等による「高齢者虐待」（身体的虐待）に該当します。すなわち、あくまでも「身体拘束」は、例外要件に当たる場合に限って高齢者虐待に該当しないと解されているにすぎません。高齢者本人に行動の自由がある以上、たとえ親族であってもその自由を違法に制限することはできません。そのため、家族の同意や要請などがあったとしても、それだけでは身体拘束が適法になることはありません。

　また、医師から在宅介護時における「身体拘束の指示」が出ていたとしても、医師が本人の在宅介護の生活状況、介護方法としてとり得る選択肢の有無や内容等についてどこまで確認した上で指示を出したのか、指示の際に家族の意思や希望を過度に忖度した背景はないかなどについて十分に吟味する必要があります。「医師の指示」が意味を持つのは、あくまでも身体拘束の有効性判断に際し、「緊急やむを得ない場合」に該当する例外3要件（「切迫性」「非代替性」「一時性」）を代替するものとしてではなく、例外3要件の存否の判断における一事情としてのみであることに注意が必要です。

〔35〕　家族から職員の対応について相談を受けた場合

相談内容　　家族から「『職員さんからお母さんと呼ばれて嫌だった』と母親が言っています。『あなたのお母さんじゃない』と職員さんに伝えたようですが、軽く流されてしまい辛かったようです。あなたからその職員さんのことを注意してもらえますか。」と相談を受けました。苦情として対応すべきでしょうか。

ポイント

① 　「苦情」と思われる相談の中には、利用者を傷つけるような虐待と思われる内容が含まれていることがあります。

② 　「虐待なのか」「不適切なケアなのか」の線引きを考えるよりも、「なぜそのようなことが起きているのか」に目を向けます。

回　　答

1　「高齢者虐待と思われる」ことへの対応の検討

　本事例の相談内容からは、利用者が職員からの声掛けにより精神的な苦痛を受けていることが考えられます。そして、「やめてほしい」という意思表示をしたけれど、職員がその思いを受けとめてくれず、重ねて苦痛を受けたことが読み取れます。

　一方、声掛けをした職員としては、決して利用者を傷つけようとか、いじめようとして「お母さん」と呼んだのではなく、「親しみを持った言い方」や「優しくて、あったかいお母さんの良いイメージで言った」と、悪気があったわけではないという理由を持っているかもしれませ

ん。そのため、このような相談を受けて、職員に話を聞いたあなたは
「悪気があったわけでもないし、これくらいは問題ないかな。不適切
ではあったけれど、虐待とはいえないかな」と思ってしまうかもしれ
ません。しかし、虐待とは「悪気（悪意）がある」とか「虐待をして
いる」という自覚があるかどうかは関係がありません。「他者からの
不適切な扱いにより権利利益を侵害される状態」を虐待と捉えていく
必要がありますので、「虐待と思われることが起きている」と受け止め
ることが必要です。

2　高齢者虐待防止法に基づく通報の検討

　本事例のような相談を受けた場合、まずは直接利用者本人の様子を
確認し、傷ついて不安な気持ちを受け止める対応が必要です。この対
応をどこの部署が、誰が行うのか等の対応ルールや手順が組織的に決
まっているでしょうか。多くは生活相談員が管理者と相談しながら対
応する場合が考えられますが、苦情対応体制の整備とともに、虐待と
思われる相談を受けた場合の対応体制をあらかじめ組織として整えて
おくことも必要です。

　体制を整える上では、相談を受けた後の初動として以下のような手
順を踏むことに留意しておくとよいでしょう。

① 　利用者の不安解消と安全の確認・確保
② 　利用者・家族等への説明と謝罪（事実が明確ではない状況でも、
　　現状の報告と説明、感情面への謝罪は必要です。）
③ 　職員への事実の確認
④ 　再発防止への対応
⑤ 　虐待と思われる状況の場合、市町村への通報

　状況によっては、当該職員には今後当該利用者のケアを担当させな
いような対処をとる必要がある場合もあります。また、当該職員だけ

ではなく、他の職員も同様の行為を当該利用者や他の利用者に対して行っている可能性もあります。組織として、悪化防止と再発防止のための対応をしていく必要があります。

そして、その対応の一つとしても、高齢者虐待防止法21条に基づく通報義務が含まれます。養介護施設従事者等が「業務に従事する養介護施設従事者等による虐待を受けたと思われる高齢者を発見した場合」の通報は、「速やかに通報しなければならない」と強い義務が規定されています。このことを、職員全員が認識しておくことが必要です。

施設内で行う事実確認により、職員が疑われる行為を認めなった場合であっても、虐待と思われることが起きたことは事実ですので、通報することは必要です。虐待かどうかの判断は、施設・事業所が行うのではなく、市町村が行う事務です。また、虐待と判断されるかどうか分からなくても、大切なのは二度と同じようなことが起きないようにすることです。

当該職員が認めなくても、職員全体に対して改めてケアを見直し、今回のようなことがほかでも起きていないか、実は気になっているようなことはないかなど、自己点検をする良いきっかけにもなります。

苦情や相談は、マイナスイメージを持ってしまいがちですが、日々のケアを立ち止まって確認をすることができるなど、プラスに考えて対応ができるようにしましょう。また、犯人捜しをするような対応や、疑われる職員を執拗に追い詰めたりすることがないように、再発防止に向けて真摯に取り組む姿勢を大切に対応することが大切です。

3　「不適切ケア」を放置しない意識

本事例のような内容は、「これくらいいいかな」「これを虐待と言ったら介助できない」というように「これくらい」と考えてしまいがちです。そのような認識が「不適切ケア」を常態化させる温床になりま

す。「誰も見ていないからいいかな」「みんなやっているから大丈夫」
と、行為を正当化させやすい環境を生むことにもなります。

　どこまでが不適切ケアで、どこから虐待なのかの線引きをするので
はなく、不適切ケアを放置することが虐待の芽になることを認識し、
不適切ケアをなくしていく意識が必要です。そのため「これって変か
も」「大丈夫かな」と思ったら、声を掛け合える、気付いたことを話し
合える関係を作ることも、虐待防止につながります。

　ソーシャルワーカーとして、虐待をしないことはクライエントへの
倫理責任としてもちろんのこと、「組織内アドボカシーの促進」も重要
な倫理責任の一つです（ソーシャルワーカーの倫理綱領（日本ソーシャルワー
カー連盟））。「組織・職場におけるあらゆる虐待又は差別的・抑圧的な
行為の予防及び防止の促進を図る」ことが専門職倫理として求められ
ていることを自覚し、積極的な虐待防止への取組を組織内で実践して
いきましょう。

　なお、法令上における施設・事業所における高齢者虐待防止の推進
については、令和3年4月1日より、「指定居宅サービス等の事業の人員、
設備及び運営に関する基準等の一部を改正する省令」（令和3年厚生労
働省令第9号）の改正により、全ての介護サービス事業者を対象に、「利
用者の人権の擁護、虐待の防止等の観点から、虐待の発生又はその再
発を防止するための委員会の開催、指針の整備、研修の実施、担当者
を定めること」が義務付けられました（3年の経過措置期間あり（努力
義務））（居宅サービス等事業運営基準3③・29七・37の2・令3厚労令9改正附則2
等）。利用者の尊厳の保持・人格の尊重が達せられるように利用者の
権利擁護を目的とした虐待の未然防止及び再発の防止を、施設・事業
所そして法人が一丸となって取り組む体制を更に強化していきましょ
う。

〔36〕　騙されている可能性があるが本人は認めない場合

相談内容　知人と思われる人から「体にいいから」と高額な複数のサプリメントの購入を勧められ、デイサービスにも持ってきている利用者がいます。他の薬との併用が心配になり看護師に見てもらったところ、効能もよく分からないものでした。騙されているのではないかと心配ですが、本人は知人と思われる人のこともサプリメントのことも信用しています。何かできることはありますか。

ポイント

① 　本人に被害意識がなく、気が付いていない中で権利侵害が生じているような場合、判断能力の状況により介入的支援は困難です。意思決定支援が基本となります。
② 　意思決定支援をし尽くしても、本人にとって見過ごせない重大な影響が生じる場合の法的保護の観点からの支援が必要な場合もあります。

回　　答

1　被害意識のない高齢者の消費者被害への対応

　近年、高齢者をターゲットにした消費者被害は増加傾向にあります。人が信じやすいような社会的に注目されているようなことを悪用し、高齢者に限らず人の弱さにつけ込むような様々な「悪質商法」が生じています。

　販売業者は、巧みな話術や手法で、騙されていると気が付きにくいように関わり、自らの意思で選択し、意思決定をして契約をしているように手続を行います。そのため、契約締結の際には自らが決めたことであり、その時点では騙されているとは気付いていない場合があります。そして、一旦消費者被害に遭うと「カモリスト」（詐欺や悪徳商法で騙されたことがある人（被害者）の情報をまとめた名簿）に載る可能性があり、消費者被害を繰り返し受ける危険性も高まります。

　本事例では、利用者は「知人」と言っていますが、実際は巧みに近づき、利用者の心を掴み信用を得た販売業者かもしれません。もちろん、利用者のことを昔からよく知る人であるかもしれません。いずれにしても、何ら科学的根拠がない商品を「健康に良い」「○○に効果がある」などといい、高額な金額で売りつけることをしていれば、詐欺や消費者被害に該当する可能性は否定できません。

　もちろん、明らかに詐欺であると分かる状況にあれば、それは犯罪行為ですから警察へ通報することはできるでしょう。しかし、犯罪とはいえない、騙されているかもしれないという状況での被害からの救済・回復には、本人に被害意識があり、被害回復の意思がなければ介入できないことが、消費者被害に遭っている可能性があるときに周囲が悩ましく思うところです。

　被害に遭っているかもしれない人は、騙されたことへの羞恥心や家族や関係者から「どうして相談しなかったの」「こんなことをしてどうするの」と騙されたことを責められる、怒られるのではないかという負い目から、騙されているのではないかということを認めたくないと思う心理が働きやすい傾向にあります。特に、日頃から気にかけてくれている身近な人や家族等に対しては、「心配を掛けたくない」「迷惑を掛けたくない」という気持ちや思いが強く表れ、「知られたくない、隠しておきたい」という心情から「誰にも相談しない」「関わらないで」

「大丈夫だから放っておいて」と、自己防衛的に家族等以外の支援者等から心配されることや支援の提案を拒む行動につながります。

2　エンパワメントと意思決定支援に基づく関わり

そのため、一見すると被害意識がないように見えても、こうした心理状態から表出された意思である可能性があることを認識した上で意思決定能力を捉えて関わること、すなわち意思決定支援に関わることが求められます。

意思決定能力とは、支援を受けて自らの意思を自分で決定することのできる能力ですが、法律で定められた概念はありません。しかし、意思決定支援の各種ガイドラインにおいて用いられている考え方を参考に考えることができます。

意思決定能力を構成する要素は、通常次のように考えられています。

① 説明の内容をどの程度理解しているか（理解する力）

② それを自分のこととして認識しているか（認識する力）

③ 論理的な判断ができるか（論理的に考える力）

④ その意思を表明できるか（選択を表明できる力）

そして、意思決定能力は「あるかないかの二者択一ではなく、段階的・漸次的に低減・喪失されていくもの」であり、「社会心理的・環境的・医学身体的・精神的・神経学的状態によって変化する」ものであるため、固定的に考えないことが求められています。また、「意思決定支援者の支援力により変化する」と考えられています（「認知症の人の日常生活・社会生活における意思決定支援ガイドライン」4頁）。

正に、本事例のような被害を受けているような状況では、これまで述べてきたような社会心理的な影響を大きく受けていることを理解した意思決定支援者としての態度、本人が安心して意思を表明しやすくできるような立ち会う人との関係性への配慮（本人が知られたくない

と思っている身近な人をあえて入れない）、意思表明しやすい場所や時間・時期、環境への配慮など、「意思決定支援者の態度、人的・物理的環境の整備への配慮」、本人の能力向上支援が「支援力」として求められます。

　本人に必要とされる支援を考える上で、意思決定能力の評価（判定）をすることはもちろん必要ですが、ソーシャルワーカーとして評価とエンパワメント、意思決定支援プロセス（意思形成支援、意思表明支援、意思実現支援）は一体的に行うことが大切であることを改めて認識して、意思決定支援チームの一員として関わりましょう。

3　意思決定支援から法的保護の観点からの介入的支援へ

　しかし、消費者被害の高齢被害者の中には、認知症等により判断能力の低下があり、契約能力が不十分な人が含まれます。そして、販売業者はあらかじめ狙う高齢者に認知症等の症状があることを知った上で、悪質な販売を行っていることもあります。そのような状況は、本人により表明された意思等が本人にとって見過ごすことのできない重大な影響を生ずる可能性が高い場合に該当する可能性があります。そのため、法的保護の観点からこれ以上本人による意思決定を先延ばしできないと意思決定支援チームで検討し、代行決定に移行していく段階と捉えて、介入的支援を行う必要があります（意思能力のない人がした契約の効力については、〔1〕弁護士のアドバイス参照）。

　具体的には、介入的支援を行う根拠を持つ機関へ支援をつないでいくことになります。本人の同意が得られない中で、また本人に相談する認識がない中で介入的な関わりを行っていくことになるため、関わることができる法的根拠がある機関が関わる必要があります。身近な相談機関は、市町村の高齢福祉所管部署や地域包括支援センターが該当します。市町村及び地域包括支援センターは、介護保険法の地域支

援事業に基づく権利擁護業務があります（介保115の45②二）。また、高齢者虐待防止法27条では、財産上の不当取引による被害の防止等が定められています。さらに同条2項では、財産上の不当取引の被害を受けた高齢者だけではなく、受けるおそれのある高齢者に対する老人福祉法32条に基づく市町村長による成年後見等の申立てを適切に行うことが規定されています。

　現在起きている権利侵害からの権利の救済・回復に加えて、再発防止を図ることが極めて重要です。そのため、判断能力の低下がある場合は、法定後見制度の申立てを考えた支援を組み立てていくことも大切です。

　介護サービス事業所は、利用者と契約に基づく関わりであり、本人が望まないことに関して介入的な関わりや決定をする権限はありません。ですが、介入的支援の段階になったとしても、利用者の日常は継続されるわけですから、これまでどおり利用者の日常を支える支援機関・支援者としての関わりの中で、引き続き日常生活の意思決定支援を行っていきます。そして、その関わりが本人の権利擁護支援には非常に重要であり、再び本人による意思決定が尊重されるような状態で生活ができるよう配慮し続けていくことが期待されます。

弁護士の アドバイス	本人の被害意識の有無と被害救済の必要性の存否は無関係

　通常、他人に騙される場合には、本人には被害意識はありません。本人が他人により権利侵害を受けている場合には、①他人に騙されているということについて、そもそも本人が気付いていない場合、②「騙されているかもしれない」とはうすうす気付いてはいるが、本人がその可能性に確信を持っていないか自分で打ち

消しているような場合、③他人に騙されているとはっきりと気付いているが、自分から被害回復に動かないなどの場合があるように思います。このうち、①については、本人が騙されていると気付かない理由についての考察が重要で、本人の認識不足や判断能力の欠如等が原因であるならばその認識を正したり判断能力を補うなどしたりする対処が有効でしょう。また、「騙されている」という現象の理由が取引相手による商取引の範囲を超えた方法（詐欺的商法あるいは詐欺行為）に該当する場合は、本人の意向や認識にかかわらず第三者として詐欺罪を理由とする刑事告発（刑事訴訟法239）を行うことも検討すべきでしょう。②の場合は、本人が「騙されているかもしれない」とうすうす思っていながらも自身の権利回復に動かない理由や背景について、丁寧な聞き取りや事実確認を通じて本人の意思決定支援のあり方について十分に配慮する必要があります。本人と加害者との交流関係やその関係の重要性、本人の判断能力の有無や程度、本人の資力等を確認した結果、本人の自己決定権への配慮の観点から、あえて「時期尚早」として権利回復に動かずに様子を見るという対応が適切な場合も「あり得る」からです。そして、③の場合は、事情はより深刻です。というのも、本人が「他人に騙されているとはっきりと気付いている」のに「自分から被害回復に動かない」のは通常はあり得ないと思えるからです。このような場合、②での説明にある理由のほか、自らの被害回復に動けない特別の事情の有無についても検討が必要です。例えば、被害回復に動くことにより他の不利益な事情や弊害が生じることがあるかもしれませんし、極端な場合は、相手に脅かされているために被害回復に「動けない」のかもしれないからです。

　いずれにせよ、本人の支援者にとっては、本人の財産被害が現

に存在するとしたらそれを放置することは許されません。必ず、本人が被害を受けている状況や背景について事実確認を通じて早期に把握し、本人の認識や被害の程度・深刻度に応じ本人の意思決定支援、本人の意思を確認の上での損害賠償請求や事実上の相手との面会交流の中断、刑事告発の検討などを通じて事態の打開に取り組みましょう。

〔37〕　サービス提供中に介護事故が発生した場合

相談内容　　介護付有料老人ホームの入居者は、最近処方薬
の変更がありました。看護師から「薬の影響で歩
行時ふらつきやすくなるため転倒の可能性がある。特に夜間帯の
トイレなどは見守りが必要」との説明がありました。もともとト
イレ介助に抵抗がある方です。夜間のトイレの際にナースコール
を使用するようにお願いをしました。そんなある日の夜中、一人
でトイレに行き転倒をしてしまいました。打撲はありましたが、
幸い重症の怪我には至りませんでした。再発防止を検討する際の
ポイントはありますか。

ポイント

① 　「安全配慮義務」を果たせる予防対策を組織的に取り組むこ
　　とが求められます。
② 　利用者に関するアセスメント及びチームでの情報共有、ヒヤ
　　リハット報告を効果的に活用できる仕組み作りが必要です。

回　　答

1　事故防止には予見可能性と危険を回避するための対策の徹底がポイント

　介護事故は、十分未然に防げる事故からどのような対策を講じても
防ぐことが困難な事故まで、事故の評価基準は様々です。事業者には、
事故が予測・予見できる場合、その事故を回避するために適切な対策
をとる必要があります。事故の発生や被害の拡大が予見できたのに、

何も対策をとらなければ、安全配慮義務を怠ったことになります。したがって、事故防止のためには、事前に事故につながるリスクの洗い出しを丁寧に行うことが重要です。

　リスクの洗い出しには、利用者一人一人の心身機能にかかるリスクはもちろん、設備や用具等のハード面や介護方法（動作や手順等）にかかるリスクを考える必要があります。その上で、リスクを取り除くための対処方法を検討していきます。

　その際、留意しなければならないことが、「リスク＝危険」ではないことの認識です。例えば本事例の場合、「転倒すること＝リスク」と捉えてしまうと、そのリスクを取り除くためには「転倒しないようにする＝歩かないようにする→身体や行動を拘束する」という対処になってしまいます。これでは、利用者の生活を制限し、利用者の尊厳を侵すことになり本末転倒です。

　リスクマネジメントは、利用者を管理しようとするのではなく、あくまでも事故につながるリスクを組織的に管理し、ダメージを最小限に抑えていくためのプロセスと考えることが大切です。

2　事故の発生要因は職員の注意力の問題だけでない

　事故発生後には、発生要因を分析の上再発防止策を検討していきますが、大切なのは「職員の不注意（ミス）」だけを要因にした分析にならないようにすることです。

　本事例のような転倒事故の場合、「原因は目を離してしまったこと。これからは、もっと目を離さないようにする。見守りを更に強化する」等職員の不注意を減らすことに目が行きがちですが、これでは再発は防止できません。重要なことはその不注意の発生要因を究明することです。目を離してしまったのであれば、目を離さなければならなかったのはなぜかを明らかにすることです。その要因を解消することを考

えるのが再発防止策として必要な視点です。また、職員が24時間、常時一人の利用者から目を離さないという見守りの方法は不可能であり、現実的な事故防止策とはいえないことにも留意します。

　本事例の場合、あらかじめ看護師から「処方薬の変更」による「歩行時のふらつき」と「転倒の可能性」が指摘されていました。つまり、転倒事故の発生を事前に予測・予見できる状況だったといえます。転倒防止策としては「夜間トイレの見守りが必要」が挙げられていました。具体的な見守り方法は、利用者本人の意思決定を尊重した形で、利用者にトイレの際にナースコールの使用を依頼していましたが、結果として、ナースコールは使用されず、転倒を防止することができませんでした。

　再発防止を検討する際、まずはリスクとして挙げられている「歩行時のふらつき」について十分な情報収集を行うことが必要です。薬の影響による歩行時のふらつきは、具体的にどのようなときにどのようなふらつきが生じやすいのかを知っておくことが必要です。例えば、起き上がりや立ち上がりなど特定の動作時に一時的に生じやすいのか、薬の服用中は継続して下肢に力が入りにくくなるのかなど、想定される状態像を正確に把握しておくことです。

　次に、見守りの方法の見直しです。本事例では、高齢者の意思決定を尊重した形で見守りを検討していましたが、高齢者本人の意思決定に責任を持たせるような方法は、適切な方法とはいい難い点があります。高齢者本人が自分の転倒リスクの有無を知り、自ら注意して防止をしていくことは当然必要ですが、事業者にはその上で安全配慮義務を果たす義務が課せられています。したがって、ナースコールの使用については、これまでの使用状況や入居者と職員の関係性等の情報を基に、転倒防止に有効な手段としてナースコールが使用されるのかについてもあらかじめ検討しておくことが大切です。普段から使用され

る可能性が低い場合は、別の方法で夜間のトイレ使用時の本人の動作確認を検討する必要があります。高齢者のトイレに行く間隔や頻度をある程度把握している場合は、タイミングを見計らった訪室と声掛けを検討することもあるでしょう。歩行のふらつきが生じやすいのが歩き始めであれば、ベッドからトイレまでの動線に夜間帯だけでも可動式の手すりを設置するような環境設定を工夫するなどの対応も考えられるでしょう。

　事故発生後に市町村へ提出する「事故報告書」にも、具体的な取組を報告することになりますので、しっかりと検証をすることが必要です。

3　事故防止に向けた組織的な検討ができる仕組み

　事故防止は、利用者一人一人のリスクについて、ケアチーム全体で多角的な情報を共有しながらアセスメントを行い、チーム全員が共通の認識の下行うことが重要です。そして、施設・事業所内のリスクマネジメントは、ケアチームだけではなく、組織的に取り組むことが必要です。リスクマネジメントは、適切なケアを行う上で欠かせない取組であり、利用者本人及び家族等に対する丁寧な説明と、本人を含めて対策への協力依頼や理解を求めることは、事業所としてなすべき対応です。そうした責任ある対応を行うために、また、よりよいケアを行うためにも、日頃からの小さな変化への気付きを大切にして、その気付きをチームで共有できる仕組み、「ヒヤリ・ハット」の情報を大切にすることができる仕組み作りは、リスクマネジメントには欠かせません。

　利用者の安心安全な生活を実現するためには、利用者を支える職員の安心安全を確保した職場環境が必要です。組織が一丸となってそうした職場を作り続けていくことができるよう、生活相談員として組織

内の円滑なコミュニケーションが図れるよう、率先して働きかけていきましょう。

弁護士の アドバイス	安全配慮義務（予見可能性と結果回避可能性）

　安全配慮義務とは、「ある法律関係に基づいて特別な社会的接触の関係に入った当事者間において、当該法律関係の付随義務として当事者の一方又は双方が相手方に対して信義則上負う義務」（最判昭50・2・25判時767・11）と定義され、生命及び健康等を危険から保護するよう配慮すべき義務をいいます。したがって、介護施設においても、契約責任としての安全配慮義務は当然に認められると考えた方が無難です。もちろん、介護施設に安全配慮義務が課される前提には、高齢者にその生命及び健康等についての危険があらかじめ予測できること（予見可能性）とその予見に従って結果を回避する可能性があることが必要になります。法は、不可能なことを義務として強いることはできないためです。ただ、この「予見可能性」と「結果回避可能性」の有無は客観的に定まるので、実際に介護事故を起こした施設の従業員の個人的な能力や技術、職場の執務状況や環境というよりも、介護施設に通常期待される従業員の能力や技術、職場の執務状況を基準に判断されます。そのため、介護事故を起こした従業員の知識や経験不足によって予見可能性や回避可能性が実際にはなかったとしても、通常の介護従業員や介護施設に期待される能力や技術、職場の執務状況を基準にすると予見可能性や回避可能性が認められ賠償義務を負うということは十分にあり得ますので絶えず注意が必要になるのです。

第 7 章

地域との連携に関する相談

190

〔38〕　介護老人保健施設退所支援における地域の関係機関との連携が困難な場合

> 相談内容　　現在介護老人保健施設に入所している高齢者は、これまで在宅→入院→退院→老健入所→在宅→入院……と何回か繰り返しています。「元気になったら自宅に帰りたい」という本人の意向は今回も変わりがありません。しかし、退所支援に向けて居宅介護支援事業所の担当ケアマネジャーは、軽度認知症もあり一人暮らしの在宅生活の限界を主張しており、共通の方向性を持った支援が難しい状況です。連携をしていくためには、どのような関わりが必要でしょうか。

ポイント

① 支援関係者の考えの背景・理由を丁寧に確認し、本人の意思決定支援チームとして共通認識を持って支援していくことが可能かどうか検討する視点が必要です。
② 関係機関等との連携が図りにくく、現在の支援チームでは調整が難しい場合、地域包括支援センターへの相談も検討します。

回　　答

1　本人の意思決定支援チームメンバーの思いを理解する働きかけ

本人に認知症あるいは認知機能の低下が疑われ、意思決定能力が不十分である場合、ケアを提供する専門職や地域の支援者、本人をよく知る人等の意思決定支援者による意思決定支援が必要になります。そ

の場合、「認知症の人の日常生活・社会生活における意思決定支援ガイドライン」（平30・6・22老発0622第1）を参考に意思決定支援のプロセスを踏まえて支援を行っていきます（意思決定支援プロセスについては、〔6〕参照）。そのため、退所カンファレンスを開催するときは、まず施設職員や居宅介護支援事業所のケアマネジャー（以下「居宅ケアマネジャー」といいます。）等の意思決定支援者が、意思決定支援に必要な態度や配慮及び環境等について、正しく理解をしておく必要があります。その理解を確認していく過程で、意思決定支援者の考えや認識等を把握し、意思決定支援チームとして同じ方向を向いて支援を行うための共通認識が図れるよう、働きかけをしていくことが求められます。

　なお、意思決定支援チームによる話合いの場は、計画担当介護支援専門員が招集するサービス担当者会議と兼ねることが可能です。自施設の計画担当介護支援専門員との連携及び役割分担を行い、本人中心の退所に向けたカンファレンスの実施ができるようにしましょう。

　本事例であれば、意思決定支援者の一人である居宅ケアマネジャーが在宅生活継続に対して抱えている具体的な不安要素について、チームとして把握をしておくことが大切です。居宅ケアマネジャーだけの不安ではなく、本人の意思決定支援における全体的な不安要素である場合もあり得ます。その場合、本人への説明時期や説明方法、情報提供の仕方等についてのチーム内検討も重要です。また、在宅生活継続であっても、施設サービス利用の場合でも、これまでとは異なるサービスの利用や支援チームの変更が必要になってくることは想定されます。新たな契約行為が生じることもあるでしょう。そのため、本人の意思決定能力の状況をチームで見極め、成年後見制度等の制度活用の必要性についての確認も大切です。制度活用が必要な場合は、本人へ丁寧に説明していきますが、この説明も意思決定支援であることに留意しましょう。

2　早い段階からの居宅ケアマネジャーとの連携強化

　意思決定支援は、その内容により違いはありますが、特に退所や新しい生活の場の確保等の高齢者の生活に重要な事項に関しては、時間をかけて行われるものです。そのため、本事例のように「退所支援」として意思決定支援を開始するのではなく、入所と同時に日々の生活支援の中で意識して行っていくことが大切です。

　入所前や入所直後から居宅ケアマネジャーと連携することは、早期の在宅復帰促進に対する効果として有意性が出ています（平成30年度老人保健健康増進等事業「介護老人保健施設の目的を踏まえた施設の在り方に関する調査研究事業　報告書」）。介護保険制度上も「自立支援」「在宅復帰」のさらなる促進が期待される介護老人保健施設としての役割の観点からも、居宅ケアマネジャーと連携の在り方を見直すことも必要です。なお、令和3年度介護報酬改定においても、入所者の尊厳の保持及び自立支援に係るケアの質の向上を図るため、「自立支援・重度化防止の取組の推進」として、在宅復帰・在宅療養支援等評価指標の見直しが図られました。

　支援相談員は、主な業務である相談業務及び連携・調整業務を通して、意思決定支援チームを形成する際の中核的な役割を担う立場にあるともいえます。また、支援相談員と介護職員を兼務しているような場合は、直接介護を通して直接入所者の情報や課題等を把握できることは、大変意味のあることです。各施設内での他の職種との役割分担はそれぞれあると思われますが、支援相談員に位置付けられている業務を遂行する上で、施設内の多職種連携を図りながら、地域の支援者及び機関との連携も強化して、入所者の意思決定支援を円滑に進めていく役割を担っていきましょう。

3　地域包括支援センターと連携した支援の検討

　支援相談員として、地域との連携体制を構築していくことは重要な

業務の一つです。地域包括支援センターが主催する地域ケア会議への
参加等を通じて、地域課題を把握する機会もあるでしょう。さらに、
地域包括支援ネットワークの構築のため、介護保険施設や介護サービ
ス事業所に求められている役割を担うことは大変重要です。

　例えば、介護老人保健施設は、「在宅復帰、在宅療養支援のための地
域拠点となる施設」「リハビリテーションを提供する維持・改善の役割
を担う施設」という役割を担っています（介保8㉘、介護老人保健施設運営
基準1の2）。地域包括ケア実現のため、とても重要な地域の拠点施設で
あることを意識し、地域との連携強化は大切なミッションです。その
連携強化の一つとして、日頃から地域包括ケア実現のための地域の中
核的機関である地域包括支援センターとの連携・協力体制を構築して
いくことは不可欠です。

　個別のケース対応の際にも必要に応じて地域包括支援センターと連
携し、可能な限り住み慣れた地域で、入所者一人一人のその人らしい
生活を最期まで続けていけることができるよう支えていきます。その
ため、支援において関係機関等との連携が難しい場合は、地域包括支
援センターへ相談し、調整支援や地域の社会資源の活用等の支援に協
力してもらえるような連携も考えられます。今回の事例においては、
居宅ケアマネジャーへの支援と高齢者の意思決定支援を進めるに当た
っての相談が想定されるでしょう。

　本事例では、居宅ケアマネジャーが、認知機能の低下があり入退院
を繰り返している状況での一人暮らしの継続を不安視しているように
見えます。もしかしたら、入退院を繰り返すことで、その都度の各種
調整への負担感があり、施設入所をして落ち着いてほしいと思ってい
るのかもしれません。支援者の主観や都合が、高齢者の意思決定支援
に影響を与えるようなことはあってはなりません。しかし、この事例
において、高齢者が入退院を繰り返していること、軽度認知症が見ら

れることは、高齢者の生活上の不安要素であることは事実であり、解消すべき点です。居宅ケアマネジャーが「負担」と思っていることは、意思決定能力が十分ではない高齢者の意思決定支援を、チームで行えていなかったことに起因している点もあると考えられます。今回の退所支援をきっかけに、意思決定支援チームによる支援プロセスに沿った支援を実施することで、支援者が抱えている不安や課題が解消され、本来あるべき「本人が自ら意思決定できるような支援」の実現につながります。

　支援機関等との連携が難しい場合は、連携が難しくなっている原因を探り、連携上の問題に対する見方を変えることで、違う関わり方をすることができる場合があります。施設・事業所だけで抱えることなく、地域包括支援センターをはじめ地域の相談機関や専門機関と有機的な連携を図りながら、地域の高齢者に対する途切れのない支援を目指していきましょう。

〔39〕　地域共生社会における包括的な支援が必要な場合

相談内容　　特別養護老人ホームに5年ほど前から入所している男性高齢者には、妻と未婚の長男がいます。これまで一度も長男が面会に来たことはなく、高齢者本人も面会に来る妻も、長男の話をしたことはありませんでした。しかし、最近妻が入院することになり、長男のことで相談を受けました。長男は、これまで数年間の就労期間はあったようですが、30年以上もいわゆる自宅にひきこもる生活を送っているようです。今後こうした相談も増えるのではないかと感じています。施設としてできることはありますか。

ポイント

① 　介護サービス利用者だけを対象とするのではなく、地域住民を対象にした地域における福祉的機能を果たす事業展開の検討が可能です。
② 　地域共生社会や法人として取り組む地域貢献活動の責務等、社会的に求められている視点も持って考えていきましょう。

回　　答

1　利用者家族が抱える生活課題の顕在化

　介護サービスを利用している利用者との関わりは、利用者である前に地域住民との関係であることを忘れてはいけません。そして、サービス提供事業所は、利用者の生活・暮らしの一部分での関わりであっ

て、それが全てではないことは言うまでもありません。しかし、その一部分の関わりから見えてくる、利用者やその家族の日々の生活の営みの中から得られる専門的な視点での気付きは、その利用者や家族のこれからの生活・暮らしに大きな影響を与えるものでもあります。

　本事例の家族のように、実は長年自宅にひきこもっている長男がおり、夫の介護や妻自身の心配だけではなく、成人した子どもの行く末を案じながら生活していることが、当該入所者の関わりを通して見えてくることはあります。この夫婦は、入所者が要介護状態になるかなり前から、長男のことで悩み、考えてきたことでしょう。しかし、その時は周囲に相談をしたり、助けを求めたりすることはなく、あくまでも家族の中の問題として対処していたことが推測できます。そうした中で、この家族に「介護」という形での新たな地域とのつながりが始まったことにより、今まで外には見えてこなかったこの家族が抱える困りごとや心配ごとが、その新たな地域のつながりによって顕在化されることは少なくありません。

2　個別課題から地域課題としての支援

　困りごとや心配ごとを抱える中心にいる当事者やその家族は、様々な理由から、地域や専門機関等の相談窓口につながってこなかった、又はつながることができなかった状況にあります。そして、専門相談機関も当事者やその家族に相談意思がなければ受けられないという仕組みの中で、結果として地域の中の声に出ていないSOSを取りこぼしてしまうことが生じている現状もあります。

　こうした地域の中で埋もれている、そこで生活している人の困りごとは、特別な人や世帯にだけ起こるものではありません。社会的変動やライフイベント、健康上の問題など個人や世帯を取り巻く環境の変化等、自分では予期せぬことがきっかけで、誰もが抱えるかもしれな

い生きづらさや生活上のリスクです。突然仕事を失う、病気になって働けなくなる、離婚する、連帯保証人になって莫大な借金を抱える、家族の介護と子育ての負担を一遍に背負うことになったなど、理由や背景は様々ですが、突然そうした生活課題を抱える可能性は誰にでもあります。

　昨今の社会情勢の中で、「就職氷河期」「ひきこもり」「8050問題」「孤立死」「セルフ・ネグレクト」等、就労問題や経済的課題、社会的孤立に関することなど、こうした生活課題は多様化・複雑化してきています。これらは、一見すると個別の問題のように見えますが、「地域生活」という目で俯瞰してみると、共通の課題であることに気が付きます。

3　「地域共生社会」の実現に向けた包括的支援体制と社会福祉法人による地域における公益的な取組

(1)　包括的支援体制の構築

　現在、こうした地域生活課題は「地域共生社会」の実現に向けた「包括的支援体制」を市町村が構築していくことにより、市町村が一つの大きなチームとなって対応していく方向性になっています。

　「地域共生社会」の実現は、平成30年4月1日施行の社会福祉法の改正により進められています。改正社会福祉法では、「①住民や福祉関係者による把握及び②関係機関との連携等により地域生活課題の解決が図られることを目指すこと」が、「地域福祉推進の理念」として規定されました（社会福祉4）。この理念の実現のために、市町村は包括的支援体制の構築に努める旨が規定され、地域福祉計画を各福祉分野の上位計画と位置付け、市町村の策定が努力義務化されました（都道府県地域福祉支援計画も同様）（社会福祉106の3・107・108）。

　包括的支援体制は、市町村の実情に応じて整備されていくため、まずは各市町村の地域福祉計画を確認してみましょう。

　本事例の高齢者の家族が抱える地域生活課題は、長期間ひきこもり生活をしている長男の生活立て直しに向けた関わりと、その長男を抱えている高齢の両親の不安への支援の必要性が考えられます。後者は、高齢者の支援者として可能な関わりも考えることができますが、長男自身への支援については、まずは別の福祉分野の相談窓口による関わりが必要です。本事例の施設所在自治体が、既に「包括的支援体制」として総合相談窓口を設置していれば、そこに相談することで、世帯全体の生活課題を的確に把握し、必要な支援ネットワークを活用した支援につながるよう、各相談支援機関を総合的にコーディネートしてもらえるでしょう。その中で、長男への直接的支援だけではなく、高齢両親が抱える課題も一緒に考えていくことが可能になります。

　相談の一次窓口となった施設では、どの分野・制度に結び付けることが最善なのか、分からないこともあります。場合によっては、良かれと思って紹介した窓口ではなかった場合もあるかもしれません。その結果、相談が途切れてしまう可能性があります。しかし、地域の中に分野を超えた総合的な相談窓口があることで、「断らない支援」と「切れ目のない支援」が可能になります。

　まだ、そうした体制が整備されていない地域の場合は、長男のことが心配で自分の入院についても不安がある入所者の妻への支援として関わりを持ち、まずは世帯が抱える生活課題を具体的に把握することが必要です。その中で、長男のことに関する適当な相談窓口に関する地域資源の情報提供と相談者の了解を得て、直接相談窓口へ連絡してつないでいくことはあるでしょう。しかし、その後も伴走して継続的に支援をしていくことは、入所者の家族への支援と限られた枠組みの中の役割・機能では、難しいことです。

　(2)　社会福祉法人による地域における公益的取組としての支援

　一方、平成28年改正社会福祉法においては、社会福祉法人の公益性・

非営利性を踏まえて、「地域における公益的な取組」の実施に関する責務規定が創設されています（社会福祉24②）。社会福祉法人の地域社会への貢献として、社会福祉法人が各地域の福祉ニーズに対応すべく多様な公益的な取組を実施することが求められています。もちろん、法改正以前から、本来の社会福祉法人の理念や使命に基づく公益性、施設機能・専門的人材等を生かして、制度外の地域生活課題に対する多様な地域貢献活動の実践を展開してきた法人も多いでしょう。社会福祉法に改めて規定された責務は、これまでの実践を踏まえつつ、さらに社会福祉法人の役割を明確化するために求められているものと理解できます。

　本事例のような地域生活課題に対して、例えば地域で生きづらさを抱える人の就労支援に関する事業や、地域の見守り活動、地域コミュニティーサロンのような形で通いの場を提供するなどの地域貢献活動を実践している社会福祉法人の施設であれば、課題の把握から相談支援、具体的な支援のマッチング等を、自施設・法人で行う関わりもできるでしょう。

　社会福祉法人に限らず営利法人であっても、「地域共生社会」の実現に向けて、地域において介護・福祉の専門的機能を果たす介護サービス事業所としての役割を改めて意識することが求められています。そして、ソーシャルワーカーとして、着眼点を「制度」や「分野」から地域で暮らす「人」に目を向けることで、必要なニーズを積極的に把握し、そのニーズに対して対応していく視点を持ち、法人や地域へ働きかける姿勢を持ち続けましょう。

〔40〕　入所者の成年後見制度申立支援が必要と思われる場合

相談内容　　特別養護老人ホームに入所中の高齢者は、認知症が進行しています。これまで本人を支えてきた夫が亡くなり、相続手続が発生しました。海外在住の娘が申立人になり、成年後見制度を申し立てることになりました。娘から「遠方のため申立書類の作成や提出について、施設に任せたい」「書類作成に係る費用は払います」と相談がありました。申立てに当たり、生活相談員としてどのような支援ができますか。

ポイント

① 権利擁護支援の地域連携ネットワークを活用し、中核機関等の成年後見制度に関する地域の専門機関との連携をしましょう。
② 成年後見制度利用に当たり「本人情報シート」の作成を依頼される場合があります。本人の生活状況に関する情報を整理し、生活課題を伝えることにより、本人にとってより的確な制度利用につながります。

回　　答

1　権利擁護支援の地域連携ネットワークの活用

　生活相談員は、入所者の権利擁護支援の必要性を把握するなど、入所者やその家族にとって身近な相談窓口の一つとしての役割が期待されます。そのため、成年後見制度に関しても正しい知識と、制度活用ニーズ発見の目を持ち、適切な時期に制度利用ができるように支援し

ていくことが求められます。その際、必要に応じて各地域における権利擁護支援のネットワークを活用していけるよう、日頃から地域とのつながりを持っておくことが大切です。

　具体的な支援の一つに、成年後見制度の申立支援があります。申立行為（申立書類の作成・提出）は、申立人が行う行為です。本事例のように、何らかの事情で申立人が書類の作成や提出ができない場合は、弁護士や司法書士に作成・提出を依頼することができます。この申立書の作成・提出の代行は、弁護士法及び司法書士法において業務独占となっています（弁護士法72、司法書士法73）。これに違反した場合は、刑事罰の対象となり得ます（「非弁行為・非司行為」として懲役又は罰金）。そのため、本事例のように申立人である家族からの申立書の作成や提出の代行・代筆の依頼を受け、報酬を得た場合、懲戒処分の対象になりますので注意が必要です。このような相談を受けた場合は、弁護士や司法書士に作成・提出を依頼できることを申立人に情報提供して対応します。なお、報酬の支払が難しい場合は、所得に応じて民事法律扶助制度（法テラス）を利用することができます。

　申立書の作成が困難な本人や親族申立人に対して、生活相談員が直接申立行為を代行することはできませんが、関連諸制度の紹介を行う関わりは可能です。そして、地域包括支援センターや成年後見制度に関する地域の専門機関と連携していくことも大切です。

　この地域の専門機関としては、地域の実情に応じて市町村が設置している「権利擁護センター」「成年後見（支援）センター」等があります。また、平成28年に成年後見制度の利用の促進に関する法律が制定され、成年後見制度利用促進に係る国基本計画（以下「国基本計画」といいます。）（「成年後見制度利用促進基本計画について」（平29・3・24閣議決定））が示されましたが、この国基本計画のポイントの一つに「権利擁護支援の地域連携ネットワークの構築」が挙げられています。市町村に成年後見制度利用促進の体制整備を求めており、市町村は「成年後

見制度利用促進計画」の策定と、「権利擁護支援の地域連携ネットワーク」のコーディネートを担う中核的な機関である「中核機関」の設置など、地域の実情に合わせた体制整備を進めています。この「中核機関」は新たに設置する以外に、「権利擁護センター」等の既存の取組を活用することが可能です。そして、国基本計画では「中核機関」が担う機能をいくつかの機関で分散することが可能であるとされており、地域により設置状況及び体制整備状況は様々です。自らの地域の状況を確認しておくことが大切です。

　中核機関が担うべき機能の一つに、成年後見制度利用促進機能があり、申立手続に関する支援を行うことも想定されます。もちろん、中核機関も書類作成・提出の代行はできません。ただし、本人や親族が行う「1回限り」の申立行為の事実行為について、中核機関が「手伝い（無償）」をすることは法に反しない（非弁行為・非司行為にはならない）とされています。したがって、本人や家族が行う申立てにおいて、書類作成に関する支援（手伝い）を行うことはできると整理されています。

2　「本人情報シート」の活用

　成年後見の申立ての際に医師が作成する診断書は、家庭裁判所が本人の判断能力を判断する上で重要な書類です。しかし、医師は本人の日常生活や社会的状況等に関する具体的な情報を十分に把握できないことも多く、本人の生活上の課題を正しく理解した上で診断書を作成することが困難な状況でもあります。そこで、最高裁判所では、医師が的確に本人の日常生活・社会的状況を踏まえた医学的判断が行えるよう、平成31年4月に診断書の書式の改定を行いました。同時に、本人の日常生活等の状況について、本人の身近な福祉関係者が医師に適切に伝えるためのツールとして、新しく「本人情報シート」を作成しました。

　最高裁判所では、「本人情報シート」について「医師に本人の生活状況等を客観的に伝えることで、医学的な判断をする際の参考資料として活用されること」と想定しています。さらに、作成者をソーシャルワーカーとして本人の支援に関わっている人（介護支援専門員、相談支援専門員、施設の相談員、地域包括支援センターや権利擁護センターの職員等）として想定しています。施設等利用者の申立てに際して、本人の日常生活をよく知る立場として、生活相談員は作成依頼を受ける可能性があります。ソーシャルワーカーが自らの業務の一環として作成する場合、作成依頼者と作成者の合意により定められた作成費用を依頼者が負担するような場合も考えられています。作成者と作成依頼者の間で、作成に関する取扱いなどについて確認をしましょう。なお、本人や家族が作成することは想定していないとされています。

　次に「本人情報シート」の活用場面ですが、医師の診断書の補助資料としての活用だけではなく、次のような場面での活用も考えられています（最高裁判所事務総局家庭局「成年後見制度における診断書作成の手引　本人情報シート作成の手引」27・28頁）。

① 　成年後見制度利用の適否に関する検討資料（申立て前の活用場面）

② 　本人にふさわしい成年後見人等を検討するための資料（裁判所での成年後見人等選任場面）

③ 　従前の後見等事務の検証と今後の事務方針の策定のための資料（後見開始後の今後の本人支援の在り方について、成年後見人等を含む多職種チームで検討する場面）

　生活相談員は、高齢者本人の日常生活における最も身近なソーシャルワーカーの一人です。高齢者が安心して住み慣れた地域や生活の場としての施設での生活を継続できるよう、成年後見人等や成年後見人等の支援機能も持つ地域の「中核機関」との連携を強化していきましょう。

索　引

206

事　項　索　引

介護サービス事業における
困りごと相談ハンドブック
―ソーシャルワーカーの実務対応―

令和3年7月16日　初版発行

共　著　髙　橋　智　子
　　　　三　森　敏　明
発行者　新日本法規出版株式会社
　　　　代表者　星　　謙一郎

発行所　新日本法規出版株式会社
本　　社　(460-8455)　名古屋市中区栄1−23−20
総轄本部　　　　　　　電話　代表　052(211)1525
東京本社　(162-8407)　東京都新宿区市谷砂土原町2−6
　　　　　　　　　　　電話　代表　03(3269)2220
支　　社　札幌・仙台・東京・関東・名古屋・大阪・広島
　　　　　高松・福岡
ホームページ　https://www.sn-hoki.co.jp/